Bilder erzählen Geschichten – Geschichten erzählen zu Bildern

Hrsg. von Karin Richter und Monika Plath

Band 1

Die Bildwelten der Warja Lavater „Schneewittchen“

Modelle und Materialien
für den Literaturunterricht
(Klasse 1 bis Klasse 5)

von

Monika Plath & Karin Richter

Schneider Verlag Hohengehren GmbH

Gedruckt auf umweltfreundlichem Papier (chlor- und säurefrei hergestellt).

Bibliografische Information der Deutschen Nationalbibliothek

Die Deutsche Nationalbibliothek verzeichnet diese Publikation in der Deutschen Nationalbibliografie; detaillierte bibliografische Daten sind im Internet über ›http://dnb.d-nb.de‹ abrufbar.

ISBN 978-3-8340-0528-1 – **7. unveränderte Auflage**
Schneider Verlag Hohengehren, 73666 Baltmannsweiler
Homepage: www.paedagogik.de

Inhalt:

I Vorwort der Reihenherausgeber
Bilder erzählen Geschichten – Geschichten erzählen zu Bildern. Modelle und Materialien für den Literaturunterricht der Grundschule

Theoretische Grundlagen und Intentionen für die Herausgabe einer neuen Reihe für den Literaturunterricht

Ein besonders bedeutsames Ziel des Literaturunterrichts ist die Ausbildung einer stabilen Lesemotivation. Unsere Erfahrungen in regelmäßigen Unterrichtsversuchen und -projekten bestätigen die entsprechenden Ansichten von Gerhard Haas (Haas 1997) und Kaspar H. Spinner (Köppert/Spinner 1999). Sie verweisen darauf, dass es bereits in der Grundschule möglich ist, eine Verbindung der Entwicklung von Lesemotivation mit der Ausprägung literarästhetischer Kenntnisse zu erreichen, wenn man die richtigen, grundschulspezifischen Wege dazu findet. Kinder besitzen – nicht zuletzt auf der Basis gewandelter Medienerfahrungen – erstaunliche Fähigkeiten in der Wahrnehmung visueller ästhetischer Welten sowie im Erzählen fiktiver Geschichten, wenn ihnen Raum und Gelegenheit geboten wird, diese Fähigkeiten zu zeigen.

Insbesondere im Anfangsunterricht können die Kinder diese Fähigkeiten allerdings noch nicht im eigenen Lesen literarischer Texte entfalten.
Das bedeutet, dass die Texte, die Kinder in den ersten Klassen selbst erlesen können, hinter dem Anspruch zurückbleiben, der auf den kindlichen Erfahrungen mit anderen ästhetischen Gebilden visueller und auditiver Prägung (Fernsehen, Film, Video, Hörkassetten, Hörbücher) beruht.
Es ist deshalb erforderlich, nach Wegen zu suchen, wie Kinder bereits in der frühen Phase des Schriftspracherwerbs ein tatsächliches Lesevergnügen und einen damit verbundenen ästhetischen Genuss erleben können.

Unsere Vorstellungen von derartigen Wegen heben sich von methodischen Verfahren ab, die auf bloßem Lesespaß und kurzfristiger Lesefreude insistieren. Das Harry-Potter-Phänomen, das sich auch in der Erfurter Erhebung zu den kindlichen Lektürevorlieben bestätigte (Richter & Plath 2005, S. 65-69), wird unseres Erachtens erst erklärbar auf dem Hintergrund kindlicher Sehnsüchte nach *großen Geschichten*, die die Wünsche der Kinder nach Erlebnissen, nach Abenteuern, nach Sinngebung menschlichen Wirkens, nach Reisen in phantastische Welten oder zu sich selbst, nach Kommunikation und Partnerschaft befriedigen. Das „mythische Element in der Literatur" (Franz Fühmann 1975) scheint von Kindern bereits in frühen Lebensjahren in den ihnen erzählten und vorgelesenen Geschichten wahrgenommen zu werden – wenn man ihnen diese Wahrnehmung gönnt!

In der Erfurter Studie (Richter & Plath 2005) bezog sich die Mehrzahl kindlicher Aussagen zum ‚Gefallen am Lesen' („Was gefällt dir am Lesen besonders gut?") auf fiktionale Texte. Das bedeutet, dass gerade diese Texte Charakteristika aufweisen, die Kinder im Grundschulalter auf besondere Weise berühren. Sieht man daneben noch die Dominanz phantastischer und abenteuerlicher Literatur in den kindlichen Angaben zu ihrer bevorzugten Lektüre (vgl. Richter & Plath 2005, S. 63 – 74), dann wird zugleich die Gefahr einer einseitigen Interpretation der PISA-Studie erkennbar: Deren Daten beziehen sich hauptsächlich auf Lesefähigkeit und Lesekompetenz (‚Gebrauch von gedruckten und geschriebenen Informationen') und nicht auf ästhetische Literatur und Lesemotivation. Beide Aspekte sind aber zu berücksichtigen, wenn es im Grundschulunterricht um den Erwerb der Kulturtechnik des Lesens und die pädagogische Einführung in einen vielfältigen Umgang mit Literatur geht. Jede Einseitigkeit – ob vordergründiger Lesespaß oder einseitiger, formal determinierter Kompetenzerwerb – gilt es in diesem Kontext zu vermeiden.

Eine wichtige Erkenntnis der Erfurter Studie zur Lesemotivation und damit verbundener Unterrichtsversuche liegt darin, dass der Erwerb von Lesefähigkeiten und Lesefertigkeiten auf der einen und von Lesemotivation und ästhetischer Genussfähigkeit auf der anderen Seite (vorerst) auf getrennten Wegen erfolgen muss. Während die Lesefähigkeiten und -fertigkeiten mit einfachen, leicht erschließbaren Texten erworben werden, ist die Entwicklung von Lesemotivation mit komplexeren künstlerischen Gebilden verbunden, deren Erschließung aber zunächst nicht vornehmlich durch selbstständiges Lesen erfolgt.

Vorlesen durch Erwachsene, Einsatz von Hörkassetten, Zugang zur Geschichte über Illustrationen, über Filmsequenzen, über verschiedene Fernsehformate – in Verbindung mit einem handlungs- und produktionsorientierten Umgang mit den ästhetischen Welten – erwiesen sich in unseren Experimenten in natürlichen Unterrichtssituationen als geeignete Wege, um Lesemotivation und ästhetische Genussfähigkeit anzuregen.

Auf diesem Hintergrund haben wir in den letzten Jahren intensiv an vielfältigen Erzählprojekten im Unterricht in Verbindung mit unterschiedlichen Medien gearbeitet. Unser Ziel bestand vor allem darin, Kindern im Grundschulalter Zugänge zu vielschichtigen literarischen Geschichten zu ermöglichen.
Auf Grund noch begrenzter Lesefähigkeiten im Anfangsunterricht, aber auch in den Klassen 3 und 4 ist es nicht möglich, so anspruchsvolle literarische Texte, wie etwa E.T.A. Hoffmanns „Nussknacker und Mausekönig" oder Stoffe aus der griechischen Mythologie sowie Kinderliteraturklassiker (z.B. „Pinocchio, „Alice im Wunderland"), Kindern durch eigenes Erlesen zugänglich zu machen. Andererseits sind dies Geschichten, die Kinder aus Film und Fernsehen kennen, ohne dass in diesen Umsetzungen deren tatsächliche Dimension aufscheint. Da aber andererseits durch die Verfilmungen das kindliche Interesse an derartigen Geschichten geweckt wurde und Vorkenntnisse für die Behandlung in der Schule existieren, wäre es bedauerlich, die durch veränderte mediale Präsentationen entstandenen Voraussetzungen nicht für einen anspruchsvollen Literaturunterricht in der Grundschule und auch in der Mittelstufe zu nutzen.
Die visuellen Wahrnehmungsfähigkeiten, die sich im Umgang mit Film und Fernsehen entwickelt haben, können durchaus zum Erwerb literarästhetischer, genrespezifischer Kenntnisse und sogar literaturhistorischer Einsichten beitragen (z. B. Erzählperspektive, Handlungsorte, Figurenkonstellationen und -zeichnungen, Zeitkolorit, Motive, Symbole).

In entsprechenden Unterrichtsversuchen im Umgang mit Märchen, Mythen, Bildergeschichten, Kinderliteraturklassikern und modernen Kindererzählungen haben wir deshalb zunächst sehr konsequent Film- und Fernsehsequenzen eingesetzt. Gleichzeitig nutzten wir die Vielfalt der Buchillustrationen.

Die Reaktionen der Kinder führten uns schließlich dazu, der Illustration besondere Aufmerksamkeit zu widmen. In den Unterrichtsexperimenten zu verschiedenen Genres haben wir dabei immer tiefere Einblicke in die überraschende Wirkung der Bilder und Illustrationen gewinnen können. Der Weg über die Illustration zum Text erwies sich in den Grundschulprojekten als ergiebiger für den Einstieg in die literarästhetische Welt als die Verbindung von Literatur- und Filmanalyse, obwohl wir zunächst die zweitgenannte Möglichkeit favorisiert hatten.
Ohne Zweifel erfüllte die Wahl eines Filmausschnittes als ‚Eröffnung' der Behandlung von Texten eine wichtige motivierende Funktion, aber die Spezifik der literarästhetischen Welt mit ihren verschiedenen Ebenen und ihrer Mehrschichtigkeit lässt sich nach unseren Erfahrungen eher in Verbindung mit anspruchsvollen Illustrationen erschließen.

Bei der Suche nach theoretischen Grundlagen, um unsere Versuche zu fundieren und mit anderen Herangehensweisen zu vergleichen, mussten wir feststellen, dass zu diesen Fragen bisher keine detaillierten Darstellungen vorliegen.

Deshalb stellten wir unser zunächst geplantes Vorhaben, eine Publikation zum Umgang mit Buch und Film in der Grundschule vorzubereiten, zurück und entwickelten einen detaillierten Plan zu einer Publikationsreihe, in der die Erschließung von Texten über die Illustration im Mittelpunkt steht.
Dabei spielt der Anregungscharakter von Bildern und Illustrationen für die Förderung von Erzählkompetenz eine große Rolle.[1]

Geschichten erzählen zu Bildern als Weg zur Entwicklung der Erzählfähigkeit und der Ausbildung ästhetischer Grundkenntnisse

Gegenüber der Postulierung einer ‚Renaissance des Erzählens' als Wiederentdeckung einer alten Kulturtradition ist sicher Skepsis angebracht, wenn damit an eine breite Bewegung gedacht wird (vgl. Wardetzky 2003). Aber die Sehnsucht nach dem Erzählen und die Faszination, die damit ausgelöst wird, erleben auch wir in unseren Unterrichtsprojekten. Aus der Tradition der Oralität erwachsene narrative Muster leben von einer dialogischen Grundkonstellation, die zwischen Erzähler und Publikum existiert. Das Erzählen zu Bildern, das eine Grundlage unserer Unterrichtsversuche darstellt, folgt dieser Konstellation, auch wenn sie in einzelnen Aspekten von dem skizzierten Muster abweicht. Im allmählichen Entdecken des Sinns der Bilder, im Dekodieren der Bildsprache entfaltet sich ein Dialog auf zwei Ebenen: zwischen Schüler und Bild einerseits und zwischen den Schülern im Austausch über ihre Entdeckungen im Bild andererseits. Dieser Weg führt zum Erzählen der in Bildern dargestellten Welt, die eine Brücke zur literarischen Welt bilden kann. Im Falle des Märchens weist er zurück auf das literarische Original, das am Ende in einer Erzählversion oder in einer dramatischen Form geboten wird – immer im Dialog mit dem Kind und seinen (auch medial geprägten) Vorerfahrungen. Dergestalt wird über das Erschließen und ‚Erzählen' visueller Bilder die Fähigkeit vorbereitet und entwickelt, komplexe poetische Bilder der verschiedenen Genres aufzuschließen.
Die Bedeutung des Geschichtenerzählens als facettenreiches Gewinnen einer Vorstellung von der Welt, ihrer Geschichte und Gegenwart, von der Bestimmung des eigenen Weges und der Sinngebung des Lebens kann damit allmählich Gestalt erhalten. Nach den Erkenntnissen über das ‚Weltwissen' der Grundschüler (vgl. Elschenbroich 2001) ist es durchaus angebracht danach zu fragen, auf welcher Ebene das Geschichtenerzählen in der Grundschule erfolgt und inwieweit dabei die Dimension des eigenen Lebens im sozialen Kontext erfahrbar wird.

Zur Anlage der Reihe und zur Auswahl der Texte und Materialien

Einen weiteren Hintergrund für den Plan, eine derartige Reihe ‚ins Leben zu rufen', bildete die dafür notwendige Materialgrundlage für den Unterricht. In Fortbildungsveranstaltungen stießen insbesondere unsere Projekte mit Bildwelten der Schweizer Künstlerin Warja Lavater auf großes Interesse. Ihre seit den fünfziger Jahren des vergangenen Jahrhunderts erschienenen, von chinesischen Faltbüchern inspirierten Leporellos zu verschiedenen Märchen und Klassikern sind heute weitestgehend nur noch antiquarisch zu sehr hohen Preisen zu erwerben. In graphischer, abstrakter Zeichensprache gestaltet Warja Lavater ihre Märchenwelten und insistiert mit dieser Darstellung – wie sie selbst betonte – auf die schöpferische kindliche (und erwachsene) Vorstellungskraft.

Unsere Unterrichtsexperimente offenbarten, dass sich diese Absicht der Bildkünstlerin im Rezeptionsvorgang tatsächlich verwirklicht und zudem die Zeichensprache eine ausgezeichnete Anregung zum kindlichen Erzählen darstellt.

[1] Daneben soll auch erläutert werden, welche Funktion anderen Medien in diesem Kontext zukommen kann.

Wir folgten den Bitten vieler Teilnehmer[2] unserer Fortbildungsveranstaltungen, indem wir nach einem Weg suchten, um diese wertvollen Anregungen als Unterrichtsmaterialien zugänglich zu machen. Dem Schneider Verlag Hohengehren ist zu danken, dass er sich trotz des mit dieser aufwändigen Produktion verbundenen Risikos entschloss, das Vorhaben gemeinsam mit uns zu verwirklichen.

Die Erweiterung des zunächst als Einzelprojekt geplanten Unternehmens zu einer Reihe basiert auf Erfahrungen, die wir auch im Umgang mit Illustrationen in Unterrichtsversuchen zu Volks- und Kunstmärchen, Bilderbuchgeschichten, Kinderliteraturklassikern und Mythen gewinnen konnten.

Bei der von uns vorgelegten Auswahl von Illustrationen für die Behandlung der Märchen von Hans Christian Andersen und E.T.A. Hoffmann oder auch von Carlo Collodis „Pinocchio" und Lewis Carrolls „Alice" entschieden sich sowohl erfahrene Lehrer als auch Studenten ausnahmslos für die ihres Erachtens ‚kindgerechtere' Version. Die Grundschulkinder favorisierten dagegen ebenso ausnahmslos die vielschichtigere ‚Version für Erwachsene'.
Wie sie diese Wahl begründeten und welche Hintergründe diese Wahl aus psychologischer, rezeptionsästhetischer und medienpädagogischer Sicht verständlich werden lassen, wird in Verbindung mit der Analyse des jeweiligen Textes und seiner Bildgestaltungen dargestellt.

Mit der neuen Reihe möchten wir Anregungen für diese Wege geben und zugleich das notwendige Material für den Unterricht bereitstellen.

Erfurt, August 2005

Karin Richter Monika Plath

[2] Im Folgenden verwenden wir wegen der besseren Lesbarkeit sowie aus sprachästhetischen und –ökonomischen Gründen die übergreifende Pluralform, die sowohl das männliche als auch das weibliche Geschlecht einschließt.

II Übersicht über die geplanten Bände

Folgende Bände werden 2005/2006 erscheinen:

Band 1 Die Bildwelten der Warja Lavater: „Schneewittchen"

Band 2 Bildwelten zu E.T.A. Hoffmann „Nussknacker und Mausekönig"

Band 3 Bildwelten Klaus Ensikats zu Märchen und Mythen

Band 4 Bilder zu Kinderliteraturklassikern – neue Sichtweisen auf bekannte Texte: „Alice im Wunderland" und „Pinocchio"

Band 5 Bilderbücher als Anregungen zu dramatischem Spiel

Band 6 Bildwelten als neue Zugänge zu Andersens Märchen

Band 7 Märchenerzählen im Comic – Möglichkeiten und Grenzen

Band 8 Der Krabat-Mythos in Bildern: Illustrationen zu Texten von Brežan, Preußler und Nowak-Neumann / der Zeichentrickfilm

Band 9 Der Mythos von Troja in alten und neuen Bildern und in verschiedenen Filmversionen

Band 10 „Hans im Glück" und „Das hässliche junge Entlein" in Bildern von Warja Lavater.

Die einzelnen Bände folgen einer einheitlichen Struktur:

- Voraussetzungen und Intentionen
- Zum Inhalt und Sinnpotential von Text und Bild
- Didaktische Überlegungen
- Umsetzung / methodische Wege
- Bildmaterial.

III Kindliche Märchenrezeption – zeitgenössische Medienkultur – Ziele der Märchenbehandlung

Märchen und Mythen erleben seit etwa zwei Jahrzehnten sowohl in den audiovisuellen Medien als auch in verschiedenen Printmedien geradezu eine Renaissance. Sie sind dabei zum einen direkt Objekte der Darstellung und zum anderen Gegenstände von Debatten und Diskursen. Natürlich sind dabei die Genrebegriffe sehr weit gefasst und zuweilen auch verwässert, etwa wenn es um sogenannte ‚Gebrauchsmythen' oder ‚Mythologeme' geht und den Biographien von historischen Persönlichkeiten und Stars ein Mythos-Status zugesprochen wird oder Hollywood-Märchen zum ‚Geschichten-Archiv' erhoben werden. Dennoch zeugen diese Darstellungen und Gespräche auch von der Lebendigkeit der Märchen- und Mythenstoffe, selbst wenn nicht wenige ‚Aktualisierungen und Verwandlungen' in Kultobjekte fragwürdig erscheinen.

Der Erzähler Franz Fühmann, der nicht nur Mythenadaptionen schuf und neue Märchen schrieb, sondern sich auch in seinem essayistischen Werk beiden Genres theoretisch zuwandte, erkannte sehr genau den Zusammenhang zwischen menschlicher Sehnsucht nach Sinngebung des Lebens und dem Mythos in seinen verschiedenen Prägungen. Im ungestillten Bedürfnis nach dem Mythos erblickte er den Spielraum für eine Kommerzwelt, die dieses Bedürfnis mit einer „schäbigen Form" bedient, die dann massenhaft wahrgenommen wird, wenn Wege zu den anspruchsvollen Formen großer Menschheitsdichtung versperrt bleiben (vgl. Fühmann 1975, S. 217/218).

Hans Dieter Erlinger zielt mit seinen Gedanken zu den „Helden der Kinder in ihren Medien" (vgl. Erlinger 2001, S. 49 - 59) in eine ähnliche Richtung, wenn er darauf verweist, dass Gesellschaften ihre Normen und Werte und die Sinnrahmen für ihre Mitglieder in Geschichtenform aufbewahren und in diesem Kontext den Narrationen eine besondere Bedeutung zukomme: „Welche Geschichten, so stellt sich die Frage im Hinblick auf die junge Generation, werden den Heranwachsenden angeboten, um sich im Kosmos der Verhaltens- und Handlungsmöglichkeiten in einer Gesellschaft zurechtzufinden" (Erlinger 2001, S. 51). Auf der Grundlage einer Analyse von Fernsehformaten und Filmen kommt Erlinger zu dem Ergebnis, dass die Auflösung von Geschichten in Stoffe erfolgt, die als bloße Handlungs- und Motivgerippe dienen, in die Figuren und Handlungssegmente beliebig montiert werden können (vgl. Erlinger 2001, S. 52).
Der von Erlinger beschriebene Vorgang lässt sich aus unserer Sicht besonders deutlich in den Verfilmungen der klassischen Mythen-Stoffe (Troja, Herakles) wahrnehmen, aber auch die Märchenverfilmung „SimsalaGrimm" widerspiegelt diese Tendenz. Diese Märchen-Serie entzieht durch die dominanten Figuren Yoyo und Doc Croc den Märchen ihr Sujet und ersetzt es durch ein Schema, das noch dazu die für das Volksmärchen entscheidende Anlage des Märchenhelden gefährdet bzw. zerstört. Insofern war es für uns nicht überraschend, dass Kinder „SimsalaGrimm"-Märchen in einer Weise wiedergeben, die große Schwierigkeiten im Erzählen offenbart: Selbst gute Erzähler konnten in unserem Experiment keine zusammenhängende Geschichte bieten, sondern trugen – unterstützt durch Gesten, die ihre Begeisterung über die Komik einzelner Filmelemente dokumentierte – verschiedene Handlungssegmente vor. Das heißt zugleich, die Struktur des Märchens, die die Grundlage für die Kultur des Erzählens bietet, ist in dieser Märchenverfilmung (zumindest partiell) verloren gegangen.

Unter Berufung auf J. S. Bruner („Acts of Meaning") beschreibt Erlinger das ***Geschichtenerzählen als eine kulturelle Errungenschaft*** sozialer Praxis, die für das soziale Zusammenleben kaum zu überschätzen ist. An ihr müssten sich nach seiner Ansicht Geschichten für Kinder messen lassen: „Geschichten, zum Beispiel die Märchen, geben den kindlichen Orientierungsmustern und den Prozessen, in denen sie ausgebildet werden, zunächst einmal Nahrung und Stabilität. Dazu kommt aber die über Geschichten und in Geschichten vermittelte Fähigkeit, mit Unterschieden umzugehen" (ebd., S. 58). Das bedeutet, dass diese Geschichten menschlicher Verschiedenheit angeeignet werden und gleichsam ein „Baugerüst für die Ord-

nung von Erfahrungen und die Erkennung und Beschreibung von Abweichungen" (ebd., S. 59) bieten. In diesem Rahmen erfolgt die Aneignung der Geschichten, indem diese – auch über sozialen Austausch – einen individuellen Sinn erhalten.
Bezogen auf die uns wichtig erscheinende Frage des Umgangs mit Märchen und Mythen in der Grundschule bedeutet das, dass diese narrativen Inhalte auch als Konzepte mentaler Organisation von und für Realität wahrgenommen werden sollten (vgl. ebd., S. 59). Aus unserer Sicht ist es bereits im Grundschulunterricht möglich, Märchen so zu behandeln, dass Kinder in ihnen Grundmuster menschlichen Verhaltens und Denkens erkennen, ihnen die historische Dimension dieser narrativen Muster bewusst gemacht wird und damit deren Bedeutsamkeit für das eigene Leben aufscheinen kann.

Einen wichtigen Ausgangspunkt, um diesem Anspruch gerecht zu werden, bilden exakte Kenntnisse über die kindliche Märchenrezeption. Was Erlinger auf der Ebene der Medienanalyse beschrieben hat, konnte Kristin Wardetzky durch verschiedene empirische Erhebungen auf der Ebene der kindlichen Rezeption bestätigen. Auf der Grundlage empirischer Erhebungen zur kindlichen Märchenrezeption im Zeitraum von 1986 bis 1994 kam die Theaterpädagogin zu dem Schluss, dass die literarischen Märchen eine beachtliche Stabilität in den Nennungen der kindlichen Probanden offenbaren, während die Angaben zu den Märchen in den so genannten Kultfilmen „Arielle", „Aladdin", „König der Löwen" auffälligen Schwankungen unterliegen. Die große Begeisterung über Märchenfilme im Zeichentrick ist von kurzer Dauer. Es „baut sich keine stabile Gefühlsbeziehung auf. Diese Filme sind wie ein Rausch, der im Moment stark und wunderbar ist, der aber ebenso schnell verfliegt. Das selbst gelesene oder gehörte Märchen hingegen scheint stärker zu einem eigenständigen Produkt des Kindes zu werden und sich damit stabiler im Gedächtnis zu verankern. Da bestimmt nicht die Filmtechnik das Tempo der Rezeption, da werden die Bilder nicht vorgefertigt, die Gefühle nicht zusätzlich mit Musik stimuliert. Das Kind baut in dem ihm gemäßen, individuellen Zeitmaß innere Vorstellungsbilder auf, denen ein jeweils spezifischer Gefühlswert entspricht" (Wardetzky 1995, S. 12).

Diese Beobachtung von Wardetzky erhält auch für den Umgang mit dem Märchen in der Grundschule ihre Bedeutung und sie bestätigt ein Axiom des handlungs- und produktionsorientierten Literaturunterrichts, das über der Angabe von Einzelschritten und methodischen Verfahren oft in den Hintergrund rückt: Entscheidend für die Tiefe und Dauer der Beziehung zu einem Text ist die innere Beteiligung, die nicht zuletzt durch die Eigenaktivität im Umgang mit ihm entsteht.

Diesem Gedanken wird in der vorliegenden Publikation besondere Aufmerksamkeit gebühren. Dabei rücken zugleich noch andere Fragen in den Mittelpunkt: Welche Märchen sind Grundschulkindern bekannt? Wie ist das Verhältnis von Jungen und Mädchen zu diesem Genre? Welche neuen Erkenntnisse und Fähigkeiten soll die Behandlung von Märchen in den verschiedenen Klassenstufen der Grundschule erbringen? Auf welchem Wege ist es möglich, diese Ziele zu erreichen?

Bereits vor der Erfurter Studie zur Lesemotivation haben wir 1999 eine Erhebung in verschiedenen Kulturräumen Thüringens bei ca. 1000 Schülern der Klassen 1 bis 5 durchgeführt, die zeigte, dass die Vorliebe für das Märchen bzw. für märchenhafte Stoffe bis Klasse 5 nach wie vor wahrnehmbar ist. Allerdings ist der Einfluss der ‚neuen' Medien unverkennbar: Neben den Grimmschen Märchen werden vor allem die märchenhaften Zeichentrickfilme genannt (vgl. Richter 2003, S. 66). Und es lässt sich nicht übersehen, dass die Märchen vornehmlich eine Lektüre der Mädchen geworden sind. 101 von 140 Nennungen zu den Grimmschen Märchen in der Erfurter Studie von 2001 (Frage "Welche Bücher / Geschichten liest du gern?") erfolgen durch Mädchen. 9 der 13 Angaben zu den Märchen von Hans Christian Andersen belegen die Präferenzen der Mädchen in diesem Genre ebenso wie die Nennungen der Märchen aus 1001 Nacht (alle 8 Notierungen haben einen weiblichen Hintergrund), während die Angaben zu „Harry Potter" eine Parität in den männlichen und weiblichen Nennungen aufweisen (vgl. Plath & Richter 2004, S. 88). Besonders die Angaben der männlichen Probanden in Klasse 3 und 4 offenbaren, dass die Jungen aus dem Märchen ‚aussteigen'.

Auf dem Hintergrund dieser Daten sowie der PISA-Befunde zum Leseverhalten der Jungen haben wir in unseren Unterrichtsprojekten den Jungen besondere Aufmerksamkeit geschenkt, ohne die Interessen der Mädchen zu vernachlässigen. Unter welchen Umständen auch Jungen bereit sind, sich mit Märchen zu beschäftigen und sich diesem Genre zuzuwenden, wird im Folgenden am Beispiel von Unterrichtsergebnissen zu zeigen sein.
Eine wichtige Voraussetzung ist aus unserer Sicht die Neugierde gegenüber den kindlichen Zugängen zum Märchen sowie grundlegende Kenntnisse über deren geschlechtsspezifische Rezeption. Jungen sehen demnach im Märchen vor allem eine Abenteuergeschichte und interessieren sich vornehmlich dafür, wie der Held den Gegner bzw. die feindlichen Mächte im Kampf besiegt. Die Aufmerksamkeit der Mädchen gilt dagegen vor allem dem Preis für den Sieg in jenem Kampf – der Hochzeit des Helden mit der Prinzessin – oder dem glücklichen Ende des zunächst in eine Notlage geratenen kindlichen Protagonisten (vgl. Wardetzky 1992).

Zunächst ist nach der entscheidenden Grundlage zu suchen, wie es im Grundschulunterricht möglich wird, Märchen als Grundmuster menschlichen Verhaltens und Denkens zu vermitteln, deren historische Dimension bewusst zu machen und damit den Bezug zu eigenen Problemen, Wünschen, Sehnsüchten erkennen zu lassen.
Franz Fühmanns Gedanken zu Märchen und Mythen können dazu einen wichtigen Impuls vermitteln. In seiner Beschäftigung mit beiden literarischen Erscheinungsformen favorisierte er eindeutig die Mythen und versuchte gleichzeitig, das Verhältnis zwischen Märchen und Mythen tiefer auszuloten als das zuweilen in der wissenschaftlichen Literatur geschieht: „Wie sollten mir die Märchen nicht teuer sein; sie sind ja eine der verwunschenen Formen, in denen die alten Mythen schlafen, und man kann die Schläfer wiedererwecken wie Dornröschen in ihrem Rankenschloß. Wir müssen allerdings anstelle des Happy-Ends die Widersprüche in die Märchen zurückdenken ... Es lohnt sich darüber nachzudenken, ob die Hexe und die Mutter in ‚Hänsel und Gretel' nicht miteinander identisch sein könnten und welche Welten die Spiegel spiegeln, in die Schneewittchens Stiefmutter schaut" (Fühmann 1975, S. 204). Interessant ist auch Fühmanns sich daran anschließender Gedanke, dass man auf diese Weise keinesfalls den Zauber der Poesie zerstöre, sondern eher die Dornen, damit Dornröschen lebe.

Diese Auffassung Fühmanns bedeutet aus unserer Sicht zugleich eine Anregung und Zielstellung für die Märchenbehandlung im Unterricht.
Den Widerspruch in das Märchen ‚zurückzudenken', wie es Fühmann anregt, bedeutet natürlich zunächst erst einmal, sich dessen bewusst zu sein, wovon das Märchen „Schneewittchen", das im Mittelpunkt der Publikation steht, erzählt. Welche existentiellen menschlichen Grundsituationen, Ängste, Hoffnungen und Wünsche kommen in ihm zum Ausdruck und welche von ihnen können für Kinder im Grundschulalter interessant, bedeutsam und anregend sein?

Dazu ist es sinnvoll, sich die Frage zu stellen, was das Volksmärchen überhaupt an besonderen Strukturen und an Wirkungspotential enthält, die es für eine Behandlung in der Grundschule empfehlen. Gerhard Haas hat bereits in den achtziger Jahren des vergangenen Jahrhunderts in einem größeren Beitrag die Grundzüge des Märchendiskurses seit der Aufklärung skizziert (vgl. Haas 1984, insbes. S. 296 - 316). Es wird darin auch deutlich, wie zu allen Zeiten die mögliche Wirkung auf das Kind bemüht wurde, um die jeweils zustimmende oder ablehnende Position gegenüber dem Märchen zu legitimieren.

Haas' Ansicht entspricht nicht zuletzt Fühmanns Argumentation von den Märchen als erzählerisch entwickelten Modellen, an denen sich das historische Bewusstsein der Kinder mit ausbilden kann (vg. ebd., S.

308). Er sieht in ihnen zudem ein psychologisch-anthropologisch höchst differenziertes Bild- und Symbolsystem, das Gegenbilder zur Wirklichkeit aufrichtet, ohne damit den Blick für die Wirklichkeit zu verstellen (vgl. ebd., S. 308f.).
Dieser Hintergrund ist auch für die Schule bedeutsam, zumal wenn er sich mit der ‚Stilgestalt', wie sie der Schweizer Märchenforscher Max Lüthi für das europäische Märchen herausgearbeitet hat (vgl. Lüthi 1968, S. 13), verbindet.

Lüthi sieht die grundlegenden Stilmerkmale in der ***Eindimensionalität***, der ***Flächenhaftigkeit***, der ***Isolation***, dem ***abstrakten Stil***, der ***Sublimation*** und ***Welthaltigkeit***. Diese Kennzeichnung zielt auf folgende Besonderheiten des Märchens:

- Die Figuren aus dem Diesseits und dem Jenseits begegnen sich in völliger Selbstverständlichkeit in einer Welt (*Eindimensionalität*);
- die Figuren besitzen keine Körperlichkeit, keine Innenwelt, keine Beziehung zur Vor- und Nachwelt (*Flächenhaftigkeit*);
- die Figuren weisen keine eigentliche soziale Einbindung auf und können deshalb von einem Raum in den anderen treten, Beziehungen beenden und wieder aufnehmen (*Isolation*);
- Formelhaftigkeit in festgefügten Wendungen sowie bloße Benennungen kennzeichnen das Märchen in seiner sprachlichen Gestalt (*abstrakter Stil*);
- die ‚entwirklichten' Riten, Sitten und Gebräuche werden in einer Weise dargestellt, dass sie zum bloßen Formelement werden (*Sublimation*).

Während der *abstrakte Stil* im Unterricht in Verbindung mit dem Erzählen des Märchens Bedeutung gewinnen kann, weil die festgefügten poetischen Wendungen in der Eingangs- und Endformel (*„Es war einmal ..."; „Und wenn sie nicht gestorben sind ...*) sowie in den Monologen und Dialogen (*„Spieglein, Spieglein an der Wand"; „Was macht mein Kind, was macht mein Reh ..."; „Ach, wie gut, dass niemand weiß ..."*) mit lautmalerischen Zügen Kinder sehr stark ansprechen, bedarf die Flächenhaftigkeit und die Isolation einer tieferen Betrachtung.
Mit Blick auf Fühmanns Anregung, die Widersprüche in die Märchen ‚zurückzudenken', erfordert gerade der Umstand, dass das Märchen nichts von der Herkunft der Protagonisten und den Ursachen und Hintergründen ihres spezifischen Charakters und Verhaltens erzählt, ein *Hinterfragen*. Man könnte es auch so sehen, dass damit Leerstellen im Märchen existieren, die in einem kreativen Literaturunterricht der Grundschule individuelle ‚Füllungen' ermöglichen. Die Kunstwelten der Warja Lavater mit ihrer bemerkenswerten Offenheit und ihrer eigenwilligen Zeichensprache eignen sich dafür in besonderer Weise.

IV Die Schweizer Künstlerin Warja Lavater und ihr ‚Erzählen in Bildern'

Abb. 1: Warja Lavater

Warja Lavater nennt ihre Bücher „folded stories" und bezeichnet sich selbst als „Bildstellerin". Ihre phantasiereichen Geschichten werden durch Zeichen, Piktogramme, Linien und Punkte so dargestellt, dass die verschiedenen Bestandteile (Protagonisten, Requisiten, Orte) und der Verlauf der Handlung nachvollziehbar, spürbar und damit auch erzählbar werden.
Als leidenschaftliche Erzählerin findet sie eine Sprache, die unabhängig von Epoche, Nationalität und Alter ‚gelesen' werden kann und zu jenen Türen führt, „die das Reich der Phantasie öffnen" (Monteil 1990, S. 9).

Warja Lavater kann auf eine bewegte Lebensgeschichte zurückblicken. Sie wurde 1913 in Winterthur (Schweiz) geboren und ist Nachfahrin des bekannten Johann Kaspar Lavater (1741-1801), der – mit Herder und Goethe befreundet – zu den anregendsten und merkwürdigsten Persönlichkeiten der Sturm- und Drang-Zeit zählte. Mary Lavater (1891-1980) – ihre Mutter – war eine in der Schweiz sehr bekannte Schriftstellerin.
Die Tätigkeit des Vaters als Ingenieur eines Schweizer Unternehmens führte die Familie sehr früh nach Russland, von wo aus sie sich später (durch die Oktoberrevolution zur Flucht gezwungen) nach Griechenland begab. Warja Lavater besuchte dort bis zu ihrem 9. Lebensjahr keine Schule, wurde jedoch von ihrer Mutter in griechischer Mythologie unterrichtet. Nach der Rückkehr der Familie in die Schweiz besuchte Warja Lavater das Gymnasium und studierte anschließend an der Kunstgewerbeschule in Zürich. Diese Schule war in ihrer Lehre stark geprägt von den Ideen des Bauhauses: Klarheit und Einfachheit von Formen und Farben, Konzentration auf Wesentliches und Funktionales, Kunst für breite Bevölkerungsschichten (nicht nur für Eliten). In Lavaters ‚Erzählen in Bildern' findet man diese Ideen nicht nur wieder, sondern man kann in dieser Kunst eine einmalige, äußerst originelle Umsetzung von Bauhaus-Prinzipien erkennen.

Die Begegnung mit Bildern und Figuren von Oskar Schlemmer und dessen Postulat „Freiheit und Gesetz" beeinflussten Warja Lavater fortan in ihrem künstlerischen Schaffen entscheidend. Das Grundthema all ihrer Arbeiten ist die Frage nach den Bedingungen für Freiheit. Für die Künstlerin ist Freiheit nur innerhalb einer gewissen (*„heiteren"*) Ordnung gewährleistet; dazu bedarf es aus ihrer Sicht ständiger Bewegung (vgl. Monteil 1990, S.13).

Warja Lavater ließ sich zur Grafikerin ausbilden. Zunächst arbeitete sie im Atelier Eidenbenz in Basel und eröffnete dann mit Gottfried Honegger, ihrem späteren Ehemann, das „Grafik – Atelier – Zürich". Als Honegger in den Krieg musste, übernahm sie die Leitung des Ateliers und arbeitete gleichzeitig als Redakteurin und Gestalterin einer Jugendzeitschrift. In der Öffentlichkeit bekannt wurde sie als Schöpferin des

Signets für den Schweizerischen Bankverein: Sie entwarf ein Emblem mit drei überkreuzten Schlüsseln, das noch heute das Erscheinungsbild des Hauses prägt.

1957/58 illustrierte Warja Lavater ein wissenschaftliches Buch über Genetik. Die Arbeit an diesem Buch führte sie zu der Erkenntnis, dass sich komplexe Zusammenhänge mit Bildmetaphern verständlicher transportieren lassen als mit Worten. Ebenfalls 1958 gestaltete sie einen Straßenzug und den Eingang der Ausstellung „Saffa" in Zürich, welche sich mit dem Werk von Schweizer Frauen im Zeitraum vom 10. bis zum 20. Jahrhundert beschäftigte: *„Auf sechs großen Mauern (vier Meter hoch und zehn Meter lang) zog sich eine weiße Linie, welche die Darstellungen über die Frauen miteinander verband – wie ein Band zwischen diesen berühmten Frauen, die Stimmen ihrer Zeit waren. Sie wurden in figürlichen, farbenfrohen Facetten dargestellt, aber verbunden durch eine weiße neutrale Linie. So kam ich darauf, durch Bilder, genauer durch Zeichen, zu erzählen."*
(Lavater 1991, S. 45).

Die Idee der codehaften Illustration war damit geboren, sie verdichtete sich dann während des Aufenthaltes in New York, wohin die Familie Honegger-Lavater 1958 zog: *„Es war eine wunderbare Zeit, dort spürte man alles Neue"* (Warja Lavater zitiert in: Monteil 1990, S. 11):
„Zu der Zeit herrschten in New York neben der Pop-Art auch einige andere Kunstrichtungen. Der Wagemut der amerikanischen Künstler war ohne Gleichen, was mit Europa nicht zu vergleichen war. Ich spreche da über Al Held, Marc Rothko, Sam Francis, die Freunde Bernadette Newmann, Jasper Jones, Robert Rauschenberg" (Lavater 1991, S. 42).

Einen weiteren kreativen Schub erhielt ihre Idee durch neue Verkehrszeichen, mit denen die Stadtautobahnen von New York zu dieser Zeit ausgestattet wurden: *„Die waren so kräftig, so schön. Sie machten die Straßen so heiter und wurden von allen verstanden. ... Diese Aussage, diese Wirkung auf Menschen, die müsste man umsetzen. Warum nicht in Literatur?"* (Warja Lavater zitiert in: Monteil 1990, S. 11).
Den entscheidenden Hintergrund für ihre Suche nach einem Bild-Code bildete Lavaters Anspruch, Menschen unterschiedlicher nationaler Herkunft eine Geschichte zu erzählen, die unabhängig von verschiedenen Sprachen, Schriften, Kulturen und Gedankenwelten von allen verstanden werden kann (vgl. Lavater 1996).

Die Umsetzung dieser Idee ermöglichte es Warja Lavater, zwei ihrer Leidenschaften miteinander zu verbinden: durch bildkünstlerische Ausdrucksformen Geschichten zu erzählen. Als erste Werke dieser Art entstanden „Rotkäppchen", ein ihr vertrautes Märchen, und „Wilhelm Tell", eine Erinnerung an ihre Heimat.
Alfred Barr – der damalige Direktor des Museums of Modern Art – wählte beide in Piktogrammen erzählte Geschichten für sein Museum aus. „Wilhelm Tell" wurde 1962 in New York mit großem Erfolg herausgegeben.

1961 kehrte die Familie nach Europa zurück und lebte abwechselnd in Paris und Zürich. Entscheidend für den weiteren künstlerischen Weg von Warja Lavater war ihre Begegnung mit Adrien Maeght: *„Und dann 1963 begegnete ich dem Avantgarden-Herausgeber Adrien Maeght. Ich schlug ihm vor, zusammen mit dem ‚Museum of Modern Art' mein Rotkäppchen herauszugeben. Und er sagte tatsächlich: Ja. Welche Freude war das für mich. Also erschien dieses Buch in Frankreich und den USA in einer Spezialausgabe und in einer begrenzten Stückzahl. Und Jahr für Jahr sprach man immer öfter von mir"* (Lavater 1991, S. 44).

Bis in die 90er Jahre hinein erschienen ‚folded stories' zu Märchen von Perrault, Andersen, den Grimms und zu selbst erdachten Geschichten, in denen Lavater nicht nur Symbole und Piktogramme erfand, sondern die so entstandenen Formen und Farben in Bewegung und in Beziehung setzte. Sie arbeitete dabei mit Perspektiven und kennzeichnete mit unterschiedlichen Größen die Macht und Stärke, aber auch die Angst und Schwäche der Figuren.

Warja Lavater wählte für ihre Art des Erzählens die Form des Leporellos.
Die Besonderheit dieser Form ermöglicht einerseits, dass jede Doppelseite als eigenständiges Bild ‚gelesen' werden kann, andererseits ist die Geschichte über die einzelnen Seiten hinaus miteinander verbunden, so dass ein fließendes Erzählen ohne Unterbrechungen vorstellbar wird. Die von ihr in Chinatown entdeckten Schriftrollen bildeten dafür eine wesentliche Anregung:
„Aber noch wichtiger als die Form des Buches, war etwas zu verändern im Bereich der Illustration. Mein Wunsch war es, das Bild zur Schrift werden zu lassen aber auch, dass die Schrift Bild wird. Und wirklich: der Piktogrammcode war lesbar, unabhängig von Nationalität und Alter" (Gromer & Lavater 1991, S.44).

Für ihre Symbolik wählt Warja Lavater strenge Geometrien: den Kreis, das Dreieck, das Rechteck und Linien. Jeder Figur wird warmen oder kalten Farben zugeordnet. Die so entwickelten Choreographien und Szenarien ermöglichen auf eine ganz direkte Weise ein tiefes Eindringen in den Sinngehalt und den spezifischen Zauber von Märchen: *„Aus den farbigen Zeichen steigen den Kindern wie von selbst die blonden Prinzessinnen und die wilden Ungeheuer zu, selbst erschaffen nach ihrem Gusto und nicht vorfixiert durch so genannte kindliche Figuren und Gesichter. Anschauung, Denkvorgänge, Phantasie geraten gleichzeitig in Marsch"* (Monteil 1990, S.12).
Warja Lavater wählte – nicht zuletzt durch ihre Bauhauserfahrungen initiiert – sehr bewusst *„ganz, ganz einfache Formen"*, in denen sie Urzeichen und Urformen des Menschen erblickt. Zugleich zielt sie damit auf eine *„möglichst große Ablesbarkeit"* und einen bemerkenswerten Interpretationsspielraum, der nach den Erfahrungen der Künstlerin bei Kindern zum Erzählen *„herrlicher Geschichten"* führt (vgl. Lavater 1996).

Heute lebt Warja Lavater in Zürich. Ihre Werke wurden von Anbeginn vom Pariser Galeristen und Verleger Adrian Maeght herausgegeben.
In Frankreich arbeitet man schon lange in Schulen und Kindergärten mit Lavaters „Imageries". In Deutschland ist die Künstlerin bislang weitestgehend unbekannt. Damit bleibt auch die große erzählerische Kraft ihrer Bücher, die nationale Grenzen überwindet, für die literarische Bildung von Kindern ungenutzt.

Unsere vielfältigen Unterrichtsprojekte mit den Bildwelten der Warja Lavater und den dort erlebten Begegnungen der Kinder mit einem ungewohnten künstlerischen Medium verweisen auf ein geradezu unerschöpfliches Potential.
Die vorliegende Publikation zu Warja Lavaters „Schneewittchen" soll Aufforderung und Anregung sein, dieses Potential im Literaturunterricht der Grundschule aufzuschließen und zu nutzen.

V „Schneewittchen" – Inhalt – Sinnpotential – didaktische Vorüberlegungen

In dem Märchen „Schneewittchen" wird in bemerkenswerter Dichte von überzeitlichen existentiellen Grundsituationen erzählt, die Menschen unterschiedlicher Kulturen gleichermaßen bewegen: Kinderwunsch, Geburt, Reifung, Heirat, Ankunft, Abschied, Gewalt, Bedrohung, Tod, Probleme in den Beziehungen zwischen Generationen und Geschlechtern.
Wie in einer ganzen Reihe der Grimmschen Märchen bildet der Wunsch nach einem Kind die Erzähleröffnung.

Während aber beispielsweise in „Dornröschen" sofort von der Erfüllung des Wunsches die Rede ist und unmittelbar danach die Bedrohung des kindlichen Lebens in den Mittelpunkt des Erzählinteresses rückt, steht in „Schneewittchen" das poetische Ausmalen des Wunsches im Vordergrund. Nach der Erfüllung des Wunsches stirbt die Königin. Erst viel später – nach sieben Jahren – erfolgt die Bedrohung des Kindes.

Die Anfänge der Aufzeichnung des Schneewittchen-Märchens durch die Grimms belegen eine andere Märcheneröffnung als die heute vorliegende: Die Königin wünscht sich zwar sehnlichst ein Kind, aber nach dessen Geburt ergreift sie Hass gegen ihr eigen Fleisch und Blut (vgl. Scherf 1995, S. 1128). In einer anderen Fassung, die den Grimms erzählt wurde, äußert der Vater den Wunsch nach einem Kind. Dieser Wunsch geht sofort in Erfüllung (ein Kind steht am Wege). Doch die Ehefrau (im Text als Mutter bezeichnet) verstößt das Kind. Die unterschiedlichen Versionen zu verschiedenen Grimmschen Märchen dokumentieren nicht nur die große Bedeutung der Mutter-Figur, sondern sie offenbaren, dass auch dann von der Mutter (und nicht von der Stiefmutter) gesprochen wird, wenn von dieser eine tödliche Gefahr für das Kind ausgeht (z. B. auch in dem Märchen „Hänsel und Gretel"). Erst im Laufe der Bearbeitung der Märchen und deren endgültiger schriftlicher Fixierung erfolgte die ‚Verwandlung' der ‚bösen Mutter' in eine Stiefmutter und damit eine deutliche Typisierung der Märchenfiguren. Mutter und Stiefmutter werden zu den Gegensätzen Gut und Böse. Auf diese Weise wird der Widerspruch innerhalb einer Figur aufgehoben.

Die Widersprüche in das Märchen zurückzudenken, würde in diesem Fall bedeuten, dass man in der Ausgangssituation des Märchens eine Mutter sieht, die in zwei Figuren aufgespalten wurde. Hinter dieser Entscheidung dürfte das ‚Doppelgesicht' der Mutter stehen. An sie ist der Wunsch des Menschen nach Geborgenheit, Sicherheit und Liebe gebunden. Mit ihr verbindet sich aber zugleich die Furcht davor, eines Tages diesen Hort der Geborgenheit verlassen zu müssen, um hinaus zu gehen (oder verstoßen zu werden). Natürlich lässt sich in diesem immer wiederkehrenden Muster auch eine Umschreibung des Endes der Kindheit und der (notwendige) Beginn einer neuen Lebensphase sehen.

Ein Vergleich mit ähnlichen Überlieferungen oder literarischen Fassungen aus anderen Kulturräumen verweist auf die Kennzeichnung einer Mutter-Tochter-Rivalität bezogen auf die Vaterfigur (z. B. Giambattista Basile „Die Küchenmagd"). Der Todesschlaf (nach der Vergiftung mit dem Apfel) kann ähnlich wie der 100jährige Schlaf Dornröschens als Prozess der Reifung gedeutet werden, der bis zu dem Moment währt, da der ‚Richtige' kommt.

Allerdings weist auch ein Märchen mit einem ähnlichen Ausgangspunkt und einer partiell gleichen Motivik und Struktur, das bereits 1809 von Philipp Otto Runge aufgezeichnet wurde, auf eine Stiefmutter hin: Im Märchen „Van den Machandelboom" (das sich auch in der Grimmschen Sammlung befindet) wünschen sich ein reicher Mann und eine schöne Frau ein Kind. Der Wunsch bleibt lange unerfüllt. Beim Schälen eines Apfels unter dem Machandelbaum schneidet sich die Frau in den Finger. Das Blut tropft in den Schnee, und sie wünscht sich ein Kind so rot wie Blut und so weiß wie Schnee. Nach der Geburt dieses Wunschkindes stirbt die Frau. Der Mann nimmt sich eine neue Frau, und nach der Geburt ihres gemeinsamen Kindes wird der Sohn (jenes Kind, das so rot wie Blut und so weiß wie Schnee aussah) von der Stiefmutter abgelehnt, schließlich getötet und dem Vater als Speise vorgesetzt.

Am Ende rächt sich der in einen Vogel verwandelte Sohn: Er tötet die Stiefmutter; der Vater lebt danach mit seinen beiden Kindern glücklich zusammen.

Es ist sicher anregend, eine ganze Reihe sehr unterschiedlicher – auch tiefenpsychologischer – Deutungen wahrzunehmen, dennoch sollte man das Märchen im Grundschulunterricht so behandeln, dass seine Poesie erhalten bleibt, dass Kinder ihre Wege zu den Figuren und dem Geschehen finden, dass aber auch die tiefere Dimension derartiger Geschichten aufscheint.
Eine Ursache für die ‚Abkehr' vom Märchen im Laufe der Grundschulzeit, die insbesondere bei Jungen wahrnehmbar ist, scheint auch darin zu liegen, dass dem Umgang mit dem Märchen im Vergleich zur ‚Erstbegegnung' im Kindergartenalter nichts Neues hinzugefügt wird – dabei bieten gerade die Märchen ein nahezu unerschöpfliches Potential für das *Philosophieren mit Kindern*.

„Hätt ich ein Kind, so rot wie Blut und so schwarz wie das Ebenholz an dem Rahmen". Von Wünschen, Hoffnungen und einem Neubeginn

Das Märchen „Schneewittchen" beginnt mitten im Winter, einer kalten, eisigen Zeit. Die scheinbar starre, leblose Winterlandschaft gerät in eine leise, kaum spürbare Bewegung durch die Schneeflocken, die leicht vom Himmel herabschweben. Der Eindruck einer melancholischen Stimmung wird noch verstärkt durch das Bild einer Königin, die allein an einem Fenster sitzt, dessen Rahmen aus schwarzem Ebenholz besteht. Ein In-sich-gekehrt-Sein, ein Nachgehen eigener Gedanken und Phantasien wird vorstellbar. Beim gleichzeitigen Nähen und Aufblicken in den Schnee geschieht etwas Unerwartetes und Schmerzhaftes, das die Königin aus ihren Gedanken reißt: Sie sticht sich in den Finger, sieht das rote Blut im weißen Schnee, und *„weil das Rote im Weißen so schön aussah ..."* keimt in ihr der Wunsch nach einem Kind. Das heißt zugleich, dass der Blick aus dem Fenster nicht auf ein nach außen, nach räumlicher Ferne gerichtetes Verlangen verweist, sondern nach innen gekehrt ist.
Obwohl das Märchen mit wenigen ‚Strichen' Situationen umreißt und eher andeutet als ausmalt, wird dem aufmerksamen Leser oder Zuhörer vorstellbar, wie im Verschwimmen des Blutes im Schnee die Phantasien und Empfindungen der Königin Konturen gewinnen und aus dem unkonturierten ‚Bild' ein konkreter Wunsch erwächst. Das rote Blut im weißen Schnee symbolisiert die Gegensätzlichkeit von Kälte und Wärme. Es ermöglicht auch eine Deutung, dass das ersehnte ‚eigen Fleisch und Blut' die Einsamkeit und Kälte beenden kann.
Das Schwarze kann durchaus verstanden werden im Sinne einer *künstlerischen Vorausdeutung* und als Zeichen für Bedrohung und Tod (dafür spricht auch, dass der Ebenholzrahmen durch Jacob Grimm der ersten Aufzeichnung hinzugefügt wurde).

Warja Lavater wählt diese drei Farben zur Symbolisierung für Schneewittchen: ein Kreis, der von innen nach außen die Farben rot, weiß und schwarz enthält.
Ihre Geschichte setzt nicht die Eingangsszenerie ins Bild. Sie beginnt mit dem Erscheinen der Stiefmutter und deren ersten Blick in den Spiegel.

War noch in der 1808 von Jacob Grimm aufgezeichneten Fassung die Rede davon, dass sich nach der Geburt des ‚Wunschkindes' der Hass der leiblichen Mutter gegen ihr Kind richtet, hat Wilhelm Grimm zur Milderung eine Stiefmutter erfunden und damit musste dann zwangsläufig vom Tod der Königin erzählt werden (vgl. Scherf 1995, 2. Band, S. 1128).

„Spieglein, Spieglein an der Wand, wer ist die Schönste im ganzen Land?".
Die neue Gemahlin

Lakonisch wird festgehalten, dass sich der König „über ein Jahr" eine andere Gemahlin nimmt (*Hier ließe sich im Unterricht auf die Vorstellung von einem Trauerjahr verweisen, die sich bis heute erhalten hat*). Mit der Kennzeichnung, dass sie schön, aber stolz und übermütig war und nicht leiden konnte, wenn sie jemand an Schönheit übertraf, wird bereits auf die folgende, von ihr ausgehende Gefahr gedeutet. Sie besaß einen *wunderbaren Spiegel*, der – wenn sie ihn befragte – ihr versicherte, die Schönste im ganzen Land zu sein.

Der Spiegel spielt seit alters her eine bedeutsame Rolle und ist ein häufig verwendetes Motiv in der Dichtung, das aber zugleich auf dessen Bedeutung im menschlichen Leben verweist.
Der Umgang mit dem eigenen Spiegelbild zeigt auch die Art, wie wir uns selbst begegnen, wie stark oder schwach unser Selbstwertgefühl ist. So wird von Narziss (griech.: Narkissos) berichtet, dass er sich so in sein Spiegelbild im Wasser verliebte und aus Liebe zu sich selbst starb. Der Mythos des in sich selbst Verliebten wurde später auch zum Symbol der Ich-Bezogenheit. Das Sprichwort, sich von Zeit zu Zeit einen Spiegel vorzuhalten oder – wenn man es nicht selbst tut – vorgehalten zu bekommen, verweist auf eine andere Bedeutungsschicht: die Notwendigkeit der kritischen Selbstanalyse.

Das aus dem Lateinischen kommende Wort ‚Spiegel' (speculum) weist auch in Verbindung mit dem Verb ‚spiegeln' ein breites Bedeutungsspektrum auf und geht auf das Wort sehen (specere) zurück: Spiegel, Abbild, glänzen, hell machen, Abbilder erzeugen. Gerade die Präfigierung ‚vorspiegeln', ‚Vorspiegelung' zeigt, wie ein Umgang mit den entsprechenden Wortfamilien und Wortgruppen verschiedene Bedeutungsschichten offenbart. Die Bedeutung von ‚Vorspiegelung' = ‚Vortäuschung', ‚Blendwerk' kann gerade für die Interpretation des Märchens interessant sein. Bereits im Grundschulunterricht lässt sich zeigen, was sich hinter den Wörtern verbirgt und wie ergiebig es sein kann, nach dem Wandel der hinter den Wörtern stehenden Bedeutung zu fragen. In diesem Zusammenhang könnte auch die ‚Spiegelfechterei' ins Feld geführt werden – ein Begriff, der zunächst um 1500 für ein Schaugefecht mit glitzernden, glänzenden, spiegelnden Waffen steht und dann im 17. Jahrhundert als Ausdruck für ‚Scheinkampf' und ‚Heuchelei' Verwendung findet.

Der Spiegel gibt das Bild zurück und ist damit das entscheidende Sinnbild der Selbstreflexion. Er zeigt zum einen ein ‚objektives' Bild von unserem Äußeren. Der Blick in ihn ist zum anderen aber auch mit Wunschvorstellungen verbunden, mit Hoffnungen und Ängsten – etwa wie im Fall der Stiefmutter die Angst vor dem Verlust ihrer Schönheit, die ihr alles zu bedeuten scheint.
In die tieferen Bedeutungsschichten des Märchens einzudringen, erfordert nach dem Hintergrund für die Angst und den Hass der *neuen* Königin zu fragen.

Im Märchen „Schneewittchen" befragt die Königin ihr Spiegelbild immer wieder. Sie sucht die Bestätigung dafür, die Schönste zu sein. Schönheit erscheint hier als etwas Äußerliches, was nicht auf die Spiegelung einer inneren Haltung verweist. Allerdings berechtigt die Kennzeichnung der Königin in der Exposition des Märchens noch nicht dazu, sie als *böse* zu bezeichnen.
Das Märchen spricht zunächst nur davon, dass die Königin *stolz* und *übermütig ist* und ihr die *Schönheit alles bedeutet*. Das für uns heute ungewöhnliche Adjektiv *übermütig* (nicht hochmütig) steht noch einmal für Stolz, ‚*hochfahrend gesinnt*', aber es trägt auch die Bedeutung ‚*heldenmütig*'.

Damit ist zunächst nur von einer Ich-Bezogenheit die Rede; wir erfahren nichts über die Beziehung der Königin zum König und zu Schneewittchen.

Warja Lavater zeichnet die böse Königin als einen Kreis, der im Kern schwarz, und im äußeren Rand goldfarben ist. Sie verweist schon damit auf den Widerspruch zwischen äußerer und innerer Schönheit bei dieser Figur. Während die gold-gelbe ‚Schale' auf den ersten Bildern relativ dick erscheint, gewinnt das Schwarze im Verlaufe der Handlung zunehmend an Umfang.

Erst nachdem der Spiegel verkündet, „*Frau Königin, Ihr seid die Schönste hier, aber Schneewittchen ist tausendmal schöner als Ihr*", wird vom Erschrecken der Königin, von ihrem Neid und von ihrem Hass auf das nun siebenjährige Mädchen gesprochen. Auch ein Vergleich mit anderen Märchen und deren Deutungen verweist auf einen Generationskonflikt, der vielschichtiger ist, als es zunächst den Anschein hat. Die Abhängigkeit der Mutter vom Kind basiert darauf, dass sich in früheren Kulturen ausschließlich aus dieser Beziehung die gesellschaftliche Stellung der Frau erklärt. Die erwachsene Tochter wird aber zur Rivalin und deshalb ist die Mutter lange bemüht, die Tochter ‚als Kind zu halten'. Für diesen Aspekt der Mutter-Tochter-Beziehung im Märchen wird in der wissenschaftlichen Literatur zumeist „Rotkäppchen" als Beispiel genannt (vgl. Stenzel 1989, S. 64).

Damit wird gerade eine dominante Beziehungsebene innerhalb der Familie, die im Erzählen des Märchens ausgeblendet erscheint, zu einem wichtigen Erklärungshintergrund für das Verhalten der Königin: die Beziehung der beiden weiblichen Familienmitglieder zum König-Ehemann-Vater.
Ausgeblendet aus dem Erzählen sind auch die sechs Jahre bis zu der Eröffnung der neuen Wahrheit durch den Spiegel, die zugleich als Selbsterkenntnis der Königin gedeutet werden kann. Die Angst vor dem Verlust der Schönheit dürfte vornehmlich verstanden werden als Angst vor dem Verlust der Bedeutung für andere, vor allem für den Ehemann. Insofern erzählt das Märchen ‚im Verborgenen' auch von dem, der als Handlungsträger in der Geschichte gar nicht in Erscheinung tritt.

Die geringe Rolle des Königs in diesem Märchen basiert aber nicht unbedingt auf Überlieferungen, wie sie den Grimms erzählt wurden. Ohnehin darf man nach einer Vielzahl von Darstellungen davon ausgehen, dass die Eingriffe der Grimms in den vorgeprägten Stoff viel tiefgehender und einschneidender waren, als das zumeist angenommen wird. Die Grimmsche „Schneewittchen"-Fassung beruht auf Bestandteilen mehrerer Märchenversionen, die den Brüdern zwischen 1808 und 1819 zugekommen sind (vgl. Emmrich 1989, S. 293).
In der ersten Niederschrift der Grimms ist es noch der Vater, der Schneewittchen findet und es durch seine Ärzte wiedererwecken lässt (vgl. Scherf 1995, S. 1130).
Die Einseitigkeit einer materialistischen Betrachtung, die sich ausschließlich auf historische und gesellschaftliche Hintergründe des Märchens konzentrierte und damit andere Aspekte völlig ausblendete, hat letztlich dazu geführt, dass seit nahezu zwei Jahrzehnten die psychoanalytische Deutung dominiert. Damit wurde aber eine Einseitigkeit durch eine andere ersetzt. Beide Extreme werden aus unserer Sicht in der Märchenparodie (vgl. Fetscher 2000) in ihrer problematischen Verengung deutlicher vor Augen geführt als das in der wissenschaftlichen Literatur geschieht.
Hans-Heino Ewers hat zurecht darauf verwiesen, dass die Eingriffe von Jacob und Wilhelm Grimm in die ihnen erzählten Märchen-Fabulate gravierend waren (vgl. Ewers 1995, S. 16). Auch Helmut Brackert vertritt die Auffassung, dass das, was als ‚alter deutscher Märchenton' bezeichnet wird, auf eine Stilisierung zurückgeht, mit der die beiden Grimms das vorgefundene Material umprägten und gestalteten (vgl. Brackert 2002, S. 12/13). Der Versuch, diesem Tatbestand nicht genügend Bedeutung beizumessen, steht sicher in Verbindung mit der Absicht, den Charakter der Märchensammlung als Volksdichtung nicht zu gefährden. Erst weitere Arbeiten zur Genese der Märchensammlung werden den Blick völlig frei geben auf eine nicht unwesentliche Erscheinung: den Einfluss des poetischen Verständnisses der Brüder Grimm sowie der gesellschaftlichen Verhältnisse zu ihrer Lebzeit auf die Anlage der einzelnen Märchen und damit natürlich auch auf die Darstellung der Generations- und Geschlechterbeziehungen.

Die dramatische Entwicklung der Geschichte beginnt mit der Eröffnung der neuen Wahrheit durch den Spiegel, dass Schneewittchen tausendmal schöner ist als sie. Hat ihr bis jetzt ihre Schönheit alles bedeutet, heißt das, dass ihr Lebensinhalt verloren gegangen ist, der auf einer äußeren Schönheit beruhte. In dieser Erkenntnis verbinden sich zwei Momente von gravierender Bedeutung: Das *Heranreifen Schneewittchens* (zu einer Frau) und der damit verbundene drohende Verlust der Mutterrolle (als einziger Garant der gesellschaftlichen Stellung der Frau) sowie der eigene *Prozess des Alterns*.
Auf diesem Hintergrund erklärt sich die tödliche Bedrohung des (Noch-)Kindes.
Diese wichtige Stelle im Märchen, die gleichsam den Charakter einer Schlüsselszene besitzt, erfordert ein Verweilen und eine tiefere Betrachtung (auch im Unterricht). Die Königin sieht in den Spiegel, befragt ihn und erhält eine ihr unangenehme, ja geradezu entsetzliche Antwort. Wer spricht? – Ist es die innere Stimme der Königin? Warum kommt diese innere Stimme zu diesem Schluss? Ist die *andere Stimme* eine ‚abgespaltene' eigene Stimme? Was ist in den vergangenen sechs Jahren im Königshaus geschehen, dass die Königin zu diesem Urteil und zu dieser Schlussfolgerung gelangt? Oder – um mit Fühmann zu fragen – welche inneren und äußeren Welten spiegelt der Spiegel, in den die Königin schaut?
Für die Königin selbst gibt es nur eine Lösung ihres Problems: Schneewittchen muss sterben. Jedoch vollzieht sie dieses Vorhaben nicht selbst. Sie beauftragt den Jäger, Schneewittchen umzubringen.

Warja Lavater stellt diese Konstellation folgendermaßen dar: Die Königin nimmt den größten Raum auf der Seite ein, das Schwarze (Böse) in ihrem Inneren ist größer geworden, die gold-gelbe Hülle ist nur noch ganz dünn. Im Vergleich dazu wirken der Jäger (brauner Kreis) und Schneewittchen sehr klein. Der Betrachter spürt damit die Macht, die die Königin nicht nur über Schneewittchen, sondern auch über den Jäger hat. Im folgenden Bild (der Jäger befindet sich mit Schneewittchen allein im Wald) ist das Jäger-Symbol übergroß dargestellt. Dies verweist auf seine Macht, jetzt eine Entscheidung über Leben und Tod zu treffen. Das schwach angedeutete Herz in seinem Inneren kann als Motiv für seine Entscheidung, Schneewittchen 'laufen zu lassen', gedeutet werden.

Der Jäger als Figurentyp im Märchen weist eine Unbestimmtheit auf. Er kann einerseits Beschützer sein. Andererseits ist er mit der Jagd als etwas Ungebändigtem, Wildem verbunden, das nach Ansichten von psychoanalytischen Forschern für den männlichen Sexualtrieb stehen soll. In „Schneewittchen" erscheint der Jäger als eine eher schwache Figur. Er bringt Schneewittchen zwar nicht um, lässt es aber allein im Wald zurück – in der Erwartung, dass es ohnehin von den Tieren zerrissen werde. So ordnet er sich scheinbar dem Willen der Königin unter, um trotzdem um des Kindes und seiner selbst willen gegen den Befehl zu handeln und nicht zum Mörder zu werden.
Es ist für das Märchen eigentlich eher ungewöhnlich, dass einer Nebenfigur ein solcher Spielraum in der Darstellung des Innenlebens geboten wird. So werden im Gegensatz zur märchenhaften Figurenzeichnung ein Konflikt und ein Widerstreit der Gefühle offenbar, die über die sonst übliche bloße Benennung hinausgehen.
Gerade diese Anlage des Jägers kann im Unterricht dazu dienen, ein Nachdenken über das Handeln von Märchenfiguren anzuregen; d.h. auch: hinter die flächenhafte Erscheinung der Figur zu sehen und ihr auf diese Weise einen Körper zu geben.

„... kochen, nähen, Betten machen und stricken ... alles ordentlich und reinlich halten" . Die Begegnung mit den Zwergen

'*Mutterseelig allein*' und voller Angst bleibt Schneewittchen im Wald zurück. Nach einem scheinbar ziellosen Lauf durch den Wald findet sie gegen Abend zu einem kleinen Haus.
Durch den Eingriff der bösen Königin wurde Schneewittchens weitere Reifung in der Familie unterbrochen. Da aber noch nicht die Zeit ist, ein Ehebündnis zu schließen, findet sie nicht zu einem Königsschloss, wo ihr der *Richtige* begegnet, an dessen Seite sie fortan leben wird. Es bedarf deshalb gleichsam eines *Zwischenraumes*: dieser ist der Aufenthalt bei den ‚geschlechtslosen' Zwergen.

Eine solche ‚Zwischenzeit' mit einem Aufenthalt in einer eher kleinen Behausung fernab von einer menschlichen Ansiedlung findet sich in einer ganzen Reihe der Grimmschen Märchen (Brüderchen und Schwesterchen, Hänsel und Gretel, Allerleirauh). Sie verbindet sich zumeist mit dem Gedanken der Reifung der weiblichen Protagonistin. Diese kommt als Kind an diesen Ort und verlässt ihn wieder als zukünftige Ehefrau, die von ihrem Erlöser, Erretter in das neue (endgültige) Zuhause geführt wird.

Die Zwerge in Warja Lavaters Buch sind durch rote Rhomben mit einem schmalen gelben Rand gezeichnet. Diese Symbole lassen Assoziationen zu Zipfelmützen oder auch zu Mineralien (die von den Zwergen im Berg abgebaut werden) zu. Die so dargestellten Zwerge, die alle das gleiche ‚Aussehen' haben, treten immer gemeinsam, aber in jeweils veränderter Anordnung auf.

Der Eintritt Schneewittchens in das Haus der Zwerge und die dadurch verursachte Unordnung in einem geregelten Tagesablauf führt zu der Verwunderung der Zwerge, die in ihrer sprachlichen Formelhaftigkeit zu den Elementen des Märchens gehört, die sich am stärksten einprägen *(Wer hat von meinem Tellerchen gegessen, wer hat aus meinem Becherchen getrunken ...).*

Derartige sprachliche Wendungen erscheinen auch in anderen Märchen. Die aus dem Englischen kommende Geschichte „Die drei Bären" erzählt mit einem nahezu identischen Wortmaterial von der Verwunderung über die von einem Mädchen verursachte Unordnung im Bärenhaus. Auch das Märchen „Die sieben Raben" weist im Detail Parallelen zu „Schneewittchen" in der Formelhaftigkeit auf: Die nach ihren verwunschenen Brüdern suchende Schwester kommt in den Glasberg und wird von einem Zwerg in das Reich der *Herren Raben* eingewiesen. Die Schwester kostet von Speisen und Getränken, und deshalb fragen auch die Raben *„Wer hat von meinem Tellerchen gegessen? Wer hat aus meinem Becherchen getrunken?"*
Diese Erscheinung scheint ein Beleg dafür zu sein, wie viele märchenhafte Strukturelemente in die unterschiedlichsten Märchen ‚montiert' wurden.
Sie ist nicht nur für die Märchendeutung und -interpretation von Belang, sondern kann auch für den Unterricht anregend sein, indem die Märchenkenntnis von Kindern genutzt wird und ihr Blick auf die Märchen eine Bereicherung erfährt.

Zwerge symbolisieren im Märchen Unterschiedliches: Sie können gut oder böse sein. Sie erscheinen sowohl in der Gestalt des Helfers des in Not geratenen Protagonisten als auch als Schädiger, der in manchen

Fällen die grundlegende Notsituation des Märchenhelden / der Märchenheldin verursacht. In „Schneewittchen" sind sie eindeutig die Helfer der in Not geratenen Hauptfigur. Sie arbeiten im Bergwerk, Arbeit ist ihr wesentlicher Lebensinhalt und diese Haltung erwarten sie auch von Schneewittchen. Obgleich sie von Schneewittchens Schönheit und von ihrer Notlage beeindruckt sind, machen sie sofort klar, dass die Bedingung für den Aufenthalt im Haus in der gewissenhaften Verrichtung des Haushaltes besteht (vgl. Bettelheim 1980, S.242). Die auszuführenden Tätigkeiten erinnern an die Vorbereitung der Protagonistin auf ihre zukünftige Rolle als Hausfrau.

Gleich zu Beginn des Aufenthaltes im Zwergenhaus wird deutlich, dass die Geborgenheit Schneewittchens nur partiell gegeben ist. Die Zwerge äußern sofort ihre Ahnung, dass die böse Königin bald vom Aufenthaltsort Schneewittchens erfahren wird und eine neue Bedrohung zu erwarten ist. Deshalb warnen sie Schneewittchen, niemanden während ihrer Abwesenheit ins Haus zu lassen.
Damit ist im Märchen ein Spannungsmoment gesetzt und eine künstlerische Vorausdeutung gegeben: Der Leser erwartet das Erscheinen der Königin. Der Blick zurück ins Königshaus zeigt, dass der Zauberspiegel die Königin sowohl davon unterrichtet hat, dass Schneewittchen noch lebt, als auch den neuen Aufenthaltsort preisgegeben hat.

Bei Warja Lavater werden an diesen Stellen zwei Handlungsorte auf einem Bild dargestellt. Ein Teil des Bildes zeigt die Zwerge, wie sie Schneewittchen entdecken, dieses Bild findet sich in einem kleinen Ausschnitt am Rand der Seite wieder: Es erscheint im Spiegel, den die Königin im Schloss befragt.

Das nun folgende Geschehen basiert auf grundlegenden Handlungsschemata des Märchens mit seinen narrativen Mitteln der Steigerung und dem damit verbundenen Spannungsaufbau in einem Dreierschritt. Zunächst erscheint die Königin als Krämerin verkleidet mit einem Schnürriemen bei Schneewittchen. Der Anschlag auf deren Leben misslingt; die Zwerge können Schneewittchen retten. Die Steigerung beim zweiten Erscheinen der Königin im Zwergenhaus erfolgt mit verschiedenen Mitteln: Zum ersten Mal wird die Königin mit einer Hexe in Verbindung gebracht. Sie versteht sich auf Hexenkünste, heißt es direkt im Text. Mit einem vergifteten Kamm soll die Rivalin zugrunde gerichtet werden. Auch diesmal kommt die Rettung durch die Zwerge noch rechtzeitig. Bereits die Vorbereitung des dritten Tötungsversuchs offenbart die Steigerung: Die Königin ist außer sich vor Zorn. Die Nachricht des Spiegels versetzt sie in Zittern und Beben, und dieses Außer-sich-Sein führt dazu, dass die Königin soweit geht, Schneewittchen selbst unter der Voraussetzung töten zu wollen (oder zu müssen), dass es sie das eigene Leben kostet. Der giftige Apfel wird in einer *verborgenen einsamen Kammer* vorbereitet: er ist äußerlich schön, bewirkt beim Betrachter Lust, ihn zu verspeisen und trägt in sich das tödliche Gift, das bereits beim Verzehr eines Bissens wirkt. Der Plan der Königin gelingt: Schneewittchen lässt sich zum Kosten verführen (sie kann der Lust, den Apfel zu essen, nicht widerstehen) und fällt tot zur Erde nieder. Interessant für die Interpretation des Märchens dürfte die Reaktion der Königin sein. Sie ist nicht von Genugtuung gekennzeichnet, sondern verweist auf einen Verlust ihrer einstigen Identität. Mit *grausigen Blicken* und *überlautem Lachen* begleitet die Königin den Vorgang. Nach der Rückkehr ins Königshaus gibt ihr der Spiegel endlich die ersehnte Auskunft. Damit hat ihr *neidisches Herz* (zunächst) Ruhe. Der Nachsatz *‚so gut ein neidisches Herz Ruhe ha-*

ben kann' gibt den Blick frei auf eine wichtige Bedeutungsschicht des Märchens, die oft übersehen wird. Die Interpretation von „Schneewittchen" als Geschichte eines übertriebenen Narzissmus verdeckt wichtige Strukturelemente. Aus unserer Sicht ist auch die Kennzeichnung von Schneewittchens Haltung gegenüber den Gaben der Königin als Ausdruck eines Narzissmus nicht recht schlüssig. Eher ließe sich in diesem Verhalten Naivität sehen. Schneewittchen reagiert trotz der Anschläge auf ihr Leben weiterhin ohne *Arg*. Die Bezeichnung ,Kind', die in den Äußerungen der Zwerge hervortritt, verweist auf eine Verbindung von kindlichem, naivem Blick auf Personen und Vorgänge. In diesem Sinn ist auch die Schönheit Schneewittchens konnotiert: Kind – Natur – Schönheit – Unschuld ergeben das Bild einer Verflechtung von innerer und äußerer Schönheit.
Dagegen weist die Schönheit der Königin einen ambivalenten Charakter auf.
Königin und Schneewittchen erscheinen als Gegensatzpaar, das in besonderer Weise mit der Bedeutung von Schönheit verbunden ist.
Schönheit ist eindeutig das tragende Lexem des Textes. Es ist für die Texterschließung von Belang, dass die ,*Gaben'* der Königin, die auf die Vernichtung Schneewittchens zielen, mit *äußerer Schönheit* verbunden sind: der schmückende Gürtel, der Kamm und der äußerlich schöne Apfel.

Der Wortinhalt von Schönheit umfasst Qualitäten, die sich nicht nur visuell, auditiv und taktil erschließen, sondern auch mit Vorstellungskraft und intellektuellen Prozessen verbunden sind (vgl. Träger 1986, S. 464). Die ästhetische Wertung verbindet sich zudem mit dem Erfassen der Kontrarietät des Schönen mit dem Hässlichen.
Das Schöne zählt zu den ältesten ästhetischen Kategorien und bildete sowohl in der griechischen Antike als auch in der klassischen deutschen Philosophie sowie in den Schriften der klassischen Dichter einen zentralen Begriff innerhalb der verschiedenen Denksysteme. Schönheit wird dabei mit Harmonie, Wohlgefallen, Übereinstimmung zwischen Objekt und Subjekt beschrieben, die Einheit mit dem Wahren und Guten wird hervorgehoben; und bei verschiedenen Schriftstellern und Philosophen wird Schönheit mit Sittlichkeit verbunden. Auch das Märchen „Schneewittchen" gibt den Blick frei auf die Vielschichtigkeit des Begriffs.

Die Schönheit der Königin erscheint als etwas Äußeres – ein äußerliches Attribut, das nicht mit ihrem Wesen übereinstimmt. Die mehrfache Verwendung von gottlos zur Kennzeichnung ihres Verhaltens unterstreicht diese Ansicht. Schneewittchen dagegen symbolisiert eine andere ganzheitliche Schönheitsauffassung. Auf diesem Hintergrund wird das Wunder verstehbar, dass ihre Schönheit über den Tod hinauswirkt und damit eine Voraussetzung für ihre Erlösung darstellt.

Warja Lavater verkürzt diesen Teil des Märchens auf den dritten – und 'wirkungsvollsten' Tötungsversuch. Die Königin verkleidet sich – die goldene Farbe in ihrem ,Kleid' wird grün. Sie bringt Schneewittchen den vergifteten Apfel (Punkt in den Farben schwarz, rot, gelb und grün).

„... er könne nicht leben ohne es zu sehen und er wolle es hochhalten und ehren, wie sein Liebstes auf der Welt". Rettung durch den Königsohn

In dem skizzierten Kontext ist auch eine Akzentsetzung des Märchens wichtig, die eher kaum wahrgenommen wird. Die Zwerge verweigern zunächst dem Königssohn die Erfüllung seiner Bitte, Schneewittchen mit sich zu nehmen, obwohl er alles geben will, was sie verlangen. Die Zwerge machen deutlich, dass es keine materiellen Güter sind, die Schneewittchens Wert entsprechen. Erst als der Königssohn seine Verehrung, Hochachtung und Liebe zum Ausdruck bringt (*‚ich will es ehren und hochachten wie mein Liebstes'*), sind die Zwerge bereit, ihm Schneewittchen zu geben. Insofern ist es nicht vornehmlich der äußere Vorgang (Stolpern des Dieners, Herausfallen des vergifteten Apfelstückes), der Schneewittchen zum Leben erweckt, sondern die Erlösung steht in Verbindung mit der Erklärung des Königssohnes.

Die Erlösung erfolgt nach einer langen, langen Zeit, in der das tote Schneewittchen im Sarg liegt. Der bereits angedeutete Vergleich mit dem 100jährigen Schlaf Dornröschens als Prozess der Reifung erscheint nicht nur sinnvoll, sondern seine Sinnhaftigkeit wird auch mit einem Blick auf andere „Schneewittchen"-Versionen deutlich, wo jene Reifung explizit erzählt wird. In der Grimmschen Fassung legen auch Formulierungen wie *‚sah frisch aus wie ein lebender Mensch'* und *‚schöne rote Backen'* den Schluss nahe, dass Schneewittchen nicht wirklich tot sein kann. Eine Verbindung zu dem *Wiedergängermotiv* der Sagen scheint sich anzudeuten. Auch hier befinden sich eigentlich gestorbene Wesen in einem Zustand zwischen Leben und Tod, da eine böse Tat noch ungesühnt ist. Allerdings ist jene Situation in der Sage nicht nur anders platziert, sondern auch anders kontextuell eingebunden.

Die Bestrafung der Schuldigen ist in „Schneewittchen" nicht Voraussetzung für die Erlösung, sondern erst nach der Erlösung der Protagonistin erfolgt die Bestrafung der Schädigerin mit dem Tode.

Das gesamte Märchen erzählt von einem Geschehen um Schneewittchen, wobei auffällig ist, dass die Protagonistin – wie in einer Reihe anderer Märchen – selbst nicht zu Wort kommt. Diese ‚Leerstelle' kann für die unterrichtliche Behandlung von Belang sein.

Die Veränderungen, die Warja Lavater mit dem originalen Märchen vornimmt, führen nicht zu einer Verflachung des Textes, sondern fordern zum tieferen Eindringen in das Sinnpotential des Märchens auf. So zeigt das Bild, auf dem Schneewittchen, der Prinz und die Zwerge zum Schloss gehen auch, dass die Tiere des Waldes den Wunderspiegel mit dem Bild Schneewittchens tragen. Damit wird die Frage beim Betrachter evoziert, ob Schneewittchen nun immer die Schönste sein wird. Eine Reflexion darüber kann auf die ‚Zeitlosigkeit' von Märchen verweisen.

VI Didaktische Zielstellungen – methodische Wege – Unterrichtsmodelle und -erfahrungen

Didaktische Zielstellungen

Sowohl Reaktionen von Studenten als auch Beobachtungen im Unterricht erfahrener Lehrer verweisen auf beträchtliche Unsicherheiten im Umgang mit Märchen. Man steht einer Interpretation, einem Gespräch über das Sinnpotential eher skeptisch gegenüber und meint zumeist, Märchen ließen sich zwar lesen, erzählen oder spielen, aber verweigerten sich eher einem analytischem Zugriff. Insofern ist die Frage, welche konkreten Zielstellungen sich mit der Behandlung eines Märchens wie „Schneewittchen" verbinden (sollten) von Belang.
Das klingt nach einer Selbstverständlichkeit, die schnell beantwortbar zu sein scheint. Doch ist sie das tatsächlich? Die Literaturdidaktik hat in diesem Fall äußerst unterschiedliche Zugänge verschiedener Wissenschaftsdisziplinen zu diesem Genre zu rezipieren: Die Germanistik, die Volkskunde, die Erzählforschung, die Geschichtswissenschaft, die Psychologie interessieren sich für ganz spezifische Strukturelemente und kommen auf dem Hintergrund ihrer genuinen wissenschaftlichen Fragestellungen, Analysen und Methoden auch zu verschiedenen, durchaus auch divergierenden Ergebnissen.
Welche von ihnen sind für einen modernen, kreativen Zugang zum Märchen in der Schule interessant?
In einer jüngst erschienenen Publikation wird – mit Blick auf den gegenwärtigen Zustand der Gesellschaft und die Bildung der jungen Generation – die Aktualität der Märchen darin gesehen, dass sie lehren, „sich in der Welt zurechtzufinden, sich nach den Grundsätzen einer erprobten Moral zu verhalten und daraus den rechten Nutzen zu ziehen. Besonders die so wenig selbstverständlichen Tugenden, wie Mitleid, Barmherzigkeit und Nächstenliebe, Treue und Gehorsam, Demut und Gottvertrauen werden im Märchen als die richtigen Mittel zu einem erfüllten Leben beschrieben, so dass sie auch in dieser Hinsicht zur Humanität beitragen. Ihre leichte Verständlichkeit begründet zudem ihre breite Verwendbarkeit als Mittel einer an Normen und Werten orientierenden Didaxe" (Moser 2005, S. 30/31). Der Autor regt an, auf die *beständigen Aussagen* des Märchens Acht zu haben und schlussfolgert: „Gerade in einer Zeit, in der die Moral kaum noch öffentlich vertreten wird, die Kirchen, die für diese Aufgabe prädestiniert wären, leer sind, Untugenden aller Art nicht nur geduldet, sondern geradezu zum straflos praktizierten Verhalten werden, können solche Geschichten eine Leerstelle im öffentlichen Bewusstsein füllen..." (Moser 2005, S. 31).
Mosers Gedanken im Unterricht umzusetzen könnte das ‚Elend der didaktisch ausgebeuteten Kinder- und Jugendliteratur' (Gerhard Haas) verstärken und eine lehrhafte Tendenz befördern, die eher wirkungslos ist. Natürlich lassen sich Mosers Ansichten auch in einer Weise interpretieren, dass die *beständigen Aussagen* des Märchens dazu anregen können, über Grundfragen und Grundlagen sozialen Miteinanders von Menschen zu verschiedenen Zeiten nachzudenken und zu kommunizieren. Für diese Form des *Philosophierens mit Kindern* bietet die literarische Form des originalen Märchens sicher eher eine Grundlage als die mediale Umsetzung in Kultfilmen und -serien. Wesentlich ist dabei, den Kindern selbst Entdeckungen zu ermöglichen und ihnen nicht Lehren zu verordnen.

Auf welche Weise, mit welchen Zielstellungen und mit welchen Ergebnissen das geschehen kann, wird nachstehend an Unterrichtsmodellen für die Behandlung des Märchens „Schneewittchen" auf der Grundlage der ‚Illustrationskunst' von Warja Lavater gezeigt.

Methodische Wege – Unterrichtsmodelle und -erfahrungen

Im Folgenden werden drei methodisch-didaktische Wege vorgestellt, die einen unterschiedlichen Umgang mit Lavaters „Schneewittchen"-Version dokumentieren. Sie basieren auf vielfältigen Unterrichtsversuchen und –erfahrungen, die in drei Modellen vereint wurden:

1. Der Weg vom Erzählen zum Gestalten
2. Der Weg vom Entdecken zum Erzählen
3. Der Weg vom Erzählen zum Animieren und Spielen.

Alle drei Wege sind – so unsere Erkenntnisse – hervorragend dazu geeignet, folgende Zielstellungen zu verwirklichen:

- die Förderung von Phantasie und Vorstellungskraft,
- die Entwicklung ästhetischer Genussfähigkeit,
- das Erkennen poetischer Bilder im Text,
- die Wahrnehmung literarischer Strukturen,
- die Entwicklung von Identifikation, Empathie und Distanz,
- die Förderung der Fähigkeit zum literarischen Gespräch,
- die Entwicklung der Fähigkeit mündlichen und schriftlichen Erzählens,
- die Förderung von Lesekompetenz, Texterschließungskompetenz und Lesemotivation.

Zudem ermöglichen diese didaktischen Wege einen Zugang zur Literatur /zum Märchen ohne Sprachbarrieren. Das bedeutet vor allem, dass sich auch Kinder mit geringer Sprach- und Lesekompetenz aktiv an der Rezeption des Märchens beteiligen können. Damit wird auch Schülern aus bildungsfernen Familien und jenen, die Deutsch nicht als Muttersprache erwerben, die Ausbildung literarischer Kompetenzen ermöglicht.

Obwohl bei den vorgeschlagenen Unterrichtsmodellen das selbstständige Lesen, die Entwicklung der Lesefähigkeit sowie der Texterschließungskompetenz nicht im Vordergrund zu stehen scheinen, insistieren nicht wenige Aufgabenstellungen darauf, sich immer wieder dem Text zuzuwenden.
So erfordert gerade das Anfertigen von Collagen zu einzelnen ‚Szenen' (in Einzel- oder Gruppenarbeit), sich immer wieder des Textes zu versichern, d.h. nachzulesen bzw. die bildliche Gestaltung von Warja Lavater mit dem literarischen Original zu vergleichen.
Der zum Teil dokumentarische Charakter der vorliegenden Empfehlungen dient dem besseren Verständnis der Intentionen der methodischen Vorschläge. Die skizzierten Erfahrungen beziehen sich weitestgehend auf den Literaturunterricht in der Grundschule, sind aber nach unserer Überzeugung mit geringfügigen Veränderungen auch auf die 5. und 6. Klassenstufe übertragbar.

Die Vorschläge basieren auf folgender Struktur:

1. Einstimmung/Begegnung
2. Erkennen/Erschließen
3. Durchdringen/Gestalten
4. Darstellen/Präsentieren

Voraussetzung für alle Wege ist, dass die Kinder das Märchen „Schneewittchen" kennen. Sollte dies nicht bei allen Schülern der Fall sein, empfiehlt sich eine ‚Erinnerung' in Form eines Gesprächs, eines Märchenrätsels oder des Nacherzählens der Geschichte.

1. Der Weg vom Erzählen zum Gestalten

Mit Hilfe von handlungs- und produktionsorientierten Verfahren wird bei diesem Weg das tiefere Eindringen in das Märchen, in seine Strukturen und in seine Bildlichkeit evoziert.

1.1 Einstimmung/Begegnung

Bereits die Einstimmung kann dazu dienen, die Kinder auf die Besonderheit der Erzählweise von Warja Lavater neugierig zu machen. Die Kinder kennen das Märchen „Schneewittchen", müssen aber die Bilder erst entschlüsseln bzw. in Wörter, Figuren und Handlungsbeziehungen ‚übersetzen'.

Es ist sinnvoll, die ‚Internationalität' der Erzählung von Warja Lavater gleich zu Beginn der Unterrichtseinheit zu thematisieren: Als Einstieg wird der Name der Künstlerin und der englische Originaltitel „Snow White" an die Tafel geschrieben. Kinder der 1. und 2. Klasse können mit dem Titel oft noch nichts anfangen. Sehr schnell vermuten sie aber, dass es sich um einen englischen Titel handelt. Die wörtliche Übersetzung und der Hinweis, dass es sich um ein bekanntes Märchen der Brüder Grimm handelt, führt die Kinder sehr schnell (manchmal über „Schneeweißchen und Rosenrot") zum Märchen „Schneewittchen". Für die sich anschließende Phase des Zuhörens und Zusehens kann folgende Überleitung (Motivation) dienen:

> *Überall auf der Welt können Kinder das Märchen „Schneewittchen" lesen, jeder aber nur in seiner eigenen Sprache. Warja Lavater hat nun eine Erzählweise gefunden, die – unabhängig davon, ob ein Kind englisch, französisch, chinesisch oder deutsch spricht – alle Kinder auf der Welt verstehen und lesen können. Dieses besondere Buch habe ich euch heute mitgebracht. Ich werde euch den Anfang der Geschichte von Schneewittchen erzählen und die Bilder dazu zeigen. Hört zu und schaut genau hin.*

In dieser Phase wird darauf verzichtet, konkrete oder schon spezifische Hör- und Sehaufträge zu geben. Die Kinder sollen frei assoziieren können.

Für das Erzählen und Präsentieren der Bilder empfiehlt sich die Bildung eines Stuhlkreises.

Das Märchen vom Schneewittchen wird nun vom Lehrer (wenn möglich im Originaltext) von Beginn an (*„Es war einmal mitten im Winter und die Schneeflocken fielen wie Federn vom Himmel herab ..."*) bis zu der Stelle erzählt, als Schneewittchen das Zwergenhaus entdeckt: *„Es lief, solange nur die Füße noch fort konnten, bis es bald Abend werden wollte, da sah es ein kleines Häuschen und ging hinein ..."*. Gleichzeitig werden die Bilder von Warja Lavater zu den entsprechenden Textpartien gezeigt. Es empfiehlt sich, langsam zu erzählen, so dass die Kinder genügend Zeit haben, sich die entsprechenden Bilder anzuschauen.

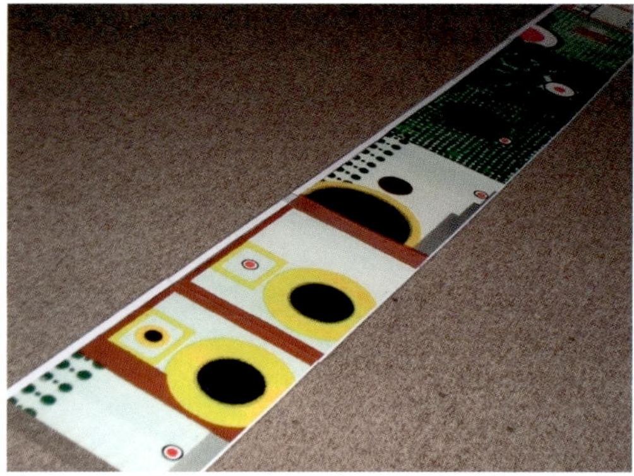

Abb. 2: Bildfolge

Die Bilder können dann in die Mitte des Stuhlkreises in unmittelbarer Folge aneinander gelegt werden. Dies hat den Vorteil, dass die Kinder bei ihrer Reflexion die Bildfolge vor sich haben.

Die Erfahrungen zeigen, dass sich die Kinder sofort nach der Betrachtung (ohne dazu befragt zu werden) spontan zu den Bildern äußern.
Als erste Anregungen zur Verständigung über das Gesehene können aber auch Fragen gegeben werden, die ‚offen' gestellt werden sollten, um die Vorstellungskraft und Phantasie der Kinder nicht von vornherein einzuengen.
Folgende Impulse sind sinnvoll:

> *Was ist euch aufgefallen? Wer möchte etwas dazu sagen? Was sagt ihr zu diesen Bildern? Was ist das Eigenartige an diesen Bildern? Was habt ihr entdeckt?*

Eine erste Begegnung dieser Art ruft – so die Erfahrungen aus Unterrichtsversuchen – eine große Breite von Emotionen, Fragen, Einschätzungen und auch Bewertungen bei Kindern hervor. Sie reicht von Verunsicherung („*Das sind komische Bilder*" oder „*Ich weiß nicht so genau, ob ich das schön finde*"), über Erstaunen („*Die malt ja nur Punkte und Kreise und trotzdem kann ich manchmal was erkennen*", „*Das ist wie ein Rätsel, z.B. das Schneewittchen ... da wäre ich nie drauf gekommen.*"), Fragen („*Wie ist sie denn auf so eine Idee gekommen?*") bis hin zu eindeutigen Bewertungen („*Ich finde das sehr interessant*" oder „*Mir gefällt das nicht, weil das ist ja ganz einfach*" oder „*Mir gefallen besonders die Farben beim Schneewittchen*") und Begeisterung („*Irgendwie ist das genial*").

Häufig geschieht es, dass die Kinder sehr schnell von den allgemeinen Aussagen zum konkreten Beschreiben der Symbole übergehen.

1.2 *Erkennen/Erschließen*

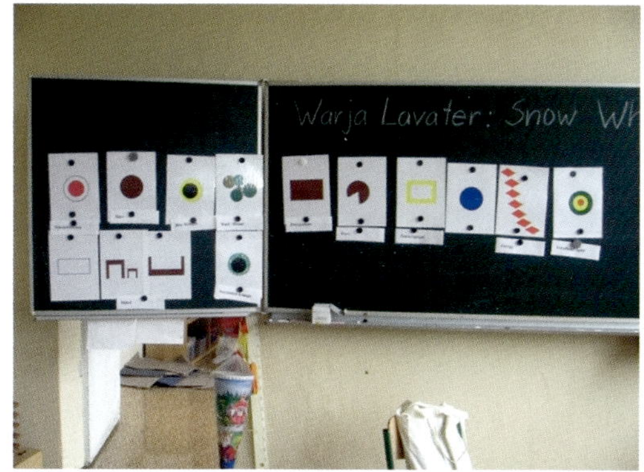

Abb. 3: Erarbeitung einer Legende (Tafelbild)

An die erste, sehr offene Begegnung mit Warja Lavaters Bildern schließt sich die gemeinsame Erarbeitung einer Legende an. Es empfiehlt sich, die einzelnen Symbole und Zeichen auf gesonderten Blättern zu zeigen (*mit einem Mal- und Zeichenprogramm leicht zu bewerkstelligen*).

Die Kinder werden danach aufgefordert – ein Symbol zu nennen oder zu zeigen – das sie erkannt haben. Die Frage *„Woran habt ihr das Schneewittchen (die böse Königin, den Jäger, den Wald, die Tiere, das Zwergenhaus ...) erkannt"* kann als erster Impuls dazu dienen. Die nachfolgend aufgeführten Aussagen der Kinder[3] aus den Unterrichtserprobungen belegen, dass kaum weitere Hilfen zum Erkennen der Symbole notwendig sind.

Schneewittchen erkennt man daran ...,
„ weil sich die Mutter ... die gute ... das so gewünscht hat ... am Anfang vom Märchen."
„Das ist eigentlich das Gesicht ... das Rote sind die Lippen ... dann kommt die Haut, die ist weiß und ganz außen sind die schwarzen Haare."
„Weil sie so ein schönes Kleid an hat."

Die böse Königin erkennt man daran ...,
„dass sie innen ganz schwarz ist ... eben dunkel ... ganz böse ist das. Das Gelbe ist nur das Kleid ... damit es keiner merkt ... das Böse in ihr."
„Sie versteckt ihre schwarze Seele ... sie ist ganz schlecht ... innen. Nur außen ist sie schön."
„Sie hat eine schwarze Seele und eben kein gutes Herz, sonst hätte das die Künstlerin rot gemalt. Aber von außen kann man das nicht sehen ... noch nicht, weil sie hat ein schönes Kleid an ... ganz aus Gold."

Die Tiere im Wald erkennt man daran ...,
„dass das nur die Hufe sind."
„das sind die Abdrücke von den Tierfüßen."
„wenn man manchmal Spuren sieht, dann weiß man: hier ist ein Hirsch lang gelaufen."

Den Jäger erkennt man daran ...,
„weil er braun ist. Eigentlich ist ja grün die richtige Farbe, aber da hätte man ihn mit den Bäumen verwechselt. Braun geht auch."
„ich glaube, dass die Jäger immer eine grüne Jacke anhaben, damit die Tiere sie nicht gleich erkennen können im Wald."

[3] Alle in diesem Band dargestellten Schüleraussagen sind original zitiert. Die Texte wurden nur rechtschreiblich ‚bereinigt'.

Das Zwergenhaus erkennt man daran ...,
„Das ist eigentlich nicht so richtig gemalt. Da fehlen die Fenster ... aber man kann es gerade so erkennen."
„Das ist von oben gemalt ... aber da müsste es eigentlich rot sein - wegen dem Dach... oder ein braunes Dach ... o.k."

Die wenigen Beispiele zeigen, dass es Warja Lavater gelingt, die Figuren und Gegenstände auf das Wesentliche zu reduzieren. Schon Kinder der ersten Klassenstufe sind in der Lage, von der Abstraktion auf die Figur bzw. den Gegenstand zu schließen. Der ‚Raum' dazwischen fordert ihre Phantasie und Vorstellungskraft heraus, wie etwa in der Aussage zu Schneewittchen „Sie hat so ein schönes Kleid an" deutlich wird.
Während sich Kinder der ersten beiden Klassenstufen sehr stark auf die Symbolik konzentrieren, wird in den Klassenstufen 3, 4 und 5 die Bewegung und Veränderung der Figuren in den Bildern von Warja Lavater wahrgenommen. Die Kinder entdecken beispielsweise, dass die Künstlerin perspektivisch arbeitet, dass sich die Größe der Figuren im Verhältnis zueinander ändert und ziehen nicht selten aus diesen Entdeckungen Schlussfolgerungen, die auf den tieferen Sinngehalt des Märchens verweisen.

„Die Königin ..., das Böse, Schwarze wird immer größer ..."
„Der Jäger ist ganz klein vor der Königin. Die hat ja auch mehr Macht."
„Schneewittchen ist ja plötzlich ganz groß..., das kommt vielleicht, weil das Zwergenhaus ... erstens klein ist und zweitens noch so weit weg."

Nicht selten erkennen die Kinder die Zuordnung der Symbole erst in der Beziehung der Figuren zueinander (*„Da ist die Königin, da Schneewittchen, dann kann das dritte nur der Jäger sein"*). Deshalb ist es sinnvoll, die erzählte Bildfolge bis zum Abschluss der Erarbeitung der Legende sichtbar für die Kinder liegen zu lassen.

Sieben Symbole sind bis dahin erarbeitet, erläutert, beschrieben und an der Tafel dokumentiert. Es gilt nun, auch die Symbole und Zeichen einzuführen, die in der bisherigen Darstellung noch keine Rolle spielten.
Kinder können an dieser Stelle dazu aufgefordert werden, sich an den weiteren Verlauf der Geschichte zu erinnern und die wichtigsten Figuren und Gegenstände zu benennen. Folgende Fragen sind dafür hilfreich:

> *Welche Figuren und Gegenstände sind denn noch wichtig, um das Märchen vollständig erzählen zu können? oder*
> *Wir haben nun alle Symbole, um den Anfang des Märchens zu erzählen. Was fehlt noch für den weiteren Verlauf?*

Als gangbar hat sich der Weg erwiesen, dass die Kinder zunächst Figuren und Gegenstände benennen, die aus ihrer Sicht eine gewisse Bedeutung für das Märchen haben und danach die einzelnen Symbole von Warja Lavater wahrzunehmen und Beschreibungen bzw. Erklärungen zu entwickeln.

Das Tafelbild wird so schrittweise ergänzt. Je nach Klassenstufe können nun Wortkarten zugeordnet oder die Bezeichnungen durch Lehrer oder Schüler unter die Symbole geschrieben werden.

1.3 *Durchdringen/Gestalten*

An diese Phase kann sich eine Gruppenarbeit anschließen, die das Ziel hat, dass Kinder zu einer bestimmten Szene des Märchens (einem bestimmten Thema) mit Hilfe von Warja Lavaters Symbolik gemeinsam eine Collage anfertigen. Folgende Vorbereitungen müssen dafür getroffen werden:

1. Entsprechend der Gruppenanzahl werden Themen auf A4-Blätter geschrieben, wie etwa: *‚Schneewittchen im Zwergenhaus'* oder *‚Schneewittchen kostet vom vergifteten Apfel'* oder *‚Das Hochzeitsfest'*. Es bietet sich an, die Themen so zu wählen, dass eine chronologische Abfolge des Märchens möglich wird.
   In höheren Klassenstufen können die Kinder statt der Themen Original-Textauszüge erhalten, die sie dann in Form eines Bildes umsetzen sollen.
   Dieses Vorgehen erweist sich als schwieriger, da im Text selbst Rückblenden und Ortswechsel enthalten sind.
2. Den Kindern werden die von ihnen benötigten Symbole in einer Vielzahl und in unterschiedlicher Größe zur Verfügung gestellt.
3. Jede Gruppe erhält zusätzlich als Arbeitsblatt eine Legende. Auf ihr kann gekennzeichnet werden, welche Symbole benötigt werden.

Diese Phase des Unterrichts erfordert pädagogisches Geschick und vor allem klar formulierte und strukturierte Aufträge. Diese könnten so lauten:

> *Ihr habt nun gesehen, wie Warja Lavater den ersten Teil des Märchens in besonderen Bildern gestaltet. Nun sollt ihr das auch versuchen. Ihr werdet dafür in Gruppen eingeteilt. Jede Gruppe erhält ein vorbereitetes Blatt mit einem Thema (Beispiele zeigen und nennen).*
> *Zusätzlich liegen für euch alle Symbole bereit, die ihr für eure Bilder benötigt (zeigen).*
> *Entscheidet nun in eurer Gruppe anhand der Legende, welche Symbole erforderlich sind.*

Die Wahl der farbigen Symbole in unterschiedlicher Größe führt dazu, dass sich die Schüler Gedanken über die Figurenkonstellation und den Handlungsverlauf machen. Die Komplexität der Aufgabenstellung für die Gruppenarbeit evoziert direkt, dass sich die Schüler immer wieder des Originaltextes versichern. Nach unseren Beobachtungen regte gerade das Anfertigen von Collagen zu einer bestimmten Szene dazu an, dass innerhalb der Gruppen über die Figuren-Handlungs-Beziehungen beraten wurde und man dazu noch einmal die entsprechende Textpassage las. Die Kinder legten zunächst die Bilder, verschoben und veränderten Größe und Lage. Die Gespräche entzündeten sich am Bild, drehten sich aber immer auch um den Text. Einige Beispiele sollen dies verdeutlichen:

Thema: Die Zwerge bewachen den Sarg
„Der Prinz muss näher an den Sarg!"
„Warum, der kommt doch gerade erst?"
„Naja, er will doch Schneewittchen nur mitnehmen, weil sie so schön ist. Wie soll er das denn bemerken, wenn er sooo weit weg steht."

Thema: Schneewittchen kostet vom vergifteten Apfel
„Schneewittchen muss unter das Haus geschoben werden, ... so halb ..., dann sieht das so aus, als ob sie aus dem Fenster schaut."
„Aber sie könnte auch vor dem Haus stehen ..., dann ist sie eben raus gegangen. ... Ist sie raus gegangen? Da müssen wir noch mal nachlesen."

Thema: Das Hochzeitsfest

„Wenn die jetzt heiraten, da müssen sich die Kreise jetzt berühren, ... wenn sie sich dann küssen ... zum Beispiel; beim Tanzen auch ...".

„Wir brauchen einen größeren Prinzen und ein größeres Schneewittchen ..., sie sind ja im Mittelpunkt bei der Hochzeit ..., da muss man die ganz groß machen."

Die Lehrer sollten sich in dieser Phase der Gruppenarbeit mit guten Ratschlägen und Ideen weitestgehend zurückhalten. Kinder gelangen so oft zu erstaunlichen Ergebnissen und Collagen.
Das gilt auch für die erhöhte Anforderung, vom Originaltext zum Bild zu gelangen. Das Problem für die Gruppenarbeit stellt sich dann oft so dar, dass die Kinder danach fragen, wie sie denn auf einem Blatt verschiedene Orte und Zeiten darstellen sollen wie etwa in der Passage, in der sich Schneewittchen im Zwergenhaus aufhält, währenddessen die Königin ihren Spiegel befragt.
In den meisten Fällen gelangen die Gruppen, wenn man ihnen die Zeit dafür einräumt, zu eigenständigen Lösungen: Sie falten das Blatt, trennen es mit einer Linie oder legen einen Wald dazwischen.

Die eigenen Bilder – in der Gruppe entworfen – können nun der Ausgangspunkt zum Erzählen sein. In Klasse 1 empfiehlt es sich, die Kinder Geschichten zu ihren Bildern erzählen zu lassen. Am Ende der ersten Klassenstufe und in Klasse 2 können (je nach schriftsprachlichen Kompetenzen) auch schon eigene Texte verfasst und abschließend von den Kindern vorgetragen werden. Dafür wird auf einem Arbeitsblatt für jedes Kind folgender Auftrag gegeben:

> *Schreibe die Geschichte auf, die dein Bild erzählt.*

Mit einer so formulierten Aufgabenstellung wird ein bloßes Beschreiben des Bildes zumeist verhindert. Die Erfahrungen zeigen, dass Kinder Schwierigkeiten damit haben, den Anfang ihrer Geschichte zu finden. Deshalb empfehlen wir, die Aufgabe am Beispiel zu erläutern:

> *Nehmen wir z.B. dieses Bild: Das Hochzeitsfest. Wie könnte der erste Satz der Geschichte lauten, die dieses Bild erzählt?*

In Klasse 3, 4 und 5 können die Anforderungen erhöht werden, indem man die Kinder auffordert, einen ***Perspektivwechsel*** vorzunehmen und ihre Geschichte (ihre Collage) aus der Sicht einer Figur oder eines Gegenstandes zu erzählen. Es empfiehlt sich, dass der Lehrer ein Beispiel folgender Art präsentiert:

> *Ich bin Schneewittchen. Nach langem Suchen habe ich endlich ein Haus gefunden, in dem ich mich sicher ausruhen kann. Ich bin so müde vom langen Umherirren durch den Wald. Hoffentlich sind die Hausbewohner freundlich. Ich schaue einfach mal hinein.*

Mit einem derartigen Beispiel wird den Kindern ein ‚Gerüst' zur Verfügung gestellt, an dem sie sich bei ihren Erzählungen orientieren können.
Die Aufträge auf dem Arbeitsblatt könnten wie folgt formuliert sein:

> *Schreibe eine Geschichte zu deinem Bild aus der Sicht von Schneewittchen (... des Königssohns, ... eines Zwerges, ... der bösen Königin usw.).*
> *Schreibe zuerst den Satz: Ich bin Schneewittchen (... der Königssohn, ... ein Zwerg, ... die böse Königin usw.).*

Diese Impulse ermöglichen einerseits, dass jedes Kind einen spezifischen Auftrag zu erfüllen hat, andererseits trägt jede so entstandene Geschichte dazu bei, eine differenzierte Sichtweise der einzelnen Szenen darzustellen. Die hier angewandte Methode des ***Perspektivwechsels*** provoziert ein tieferes Eindringen in die Welt des Märchens „Schneewittchen". Handlungen werden ergründet, Motive und Emotionen benannt.

1.4 *Darstellen/Präsentieren*

Abb. 4: Präsentation der Ergebnisse

Jetzt können die Ergebnisse der Gruppen- und Einzelarbeit vor der Klasse vorgestellt werden. Die Bilder werden an die Tafel geheftet – die einzelnen Gruppenmitglieder tragen jeweils ihre Geschichte zum Bild vor. In chronologischer Abfolge wird das Märchen Schneewittchen in einer ganz eigenen Fassung noch einmal erzählt.

Um ein bleibendes Ergebnis zu schaffen, lohnt es sich, die Arbeiten der Kinder in einem Buch zusammen zu heften. Der Titel des Buches könnte lauten:

‚Schneewittchen'
Text und Illustration: Schüler der Klasse 2
(in Anlehnung an Warja Lavater)

Einige Schülerarbeiten aus den Klassen 1, 2 und 3 sollen nachfolgend das Potential eines solchen methodischen Vorgehens illustrieren.

Collagen und Geschichten von Kindern der 1. Klasse: *„Schreibe die Geschichte, die dein Bild erzählt."*

Thema / Bild: Schneewittchen im Zwergenhaus

Die Geschichte von Schneewittchen und der bösen Königin: Schneewittchen entdeckte ein kleines Haus. Es war das Zwergenhaus. Da drin standen viele kleine Bettchen und Tischchen. Schneewittchen legte sich in ein Bettchen. Als die Zwerge nach Hause kamen, sehen sie Schneewittchen. Da staunten sie sehr. Und in der Zwischenzeit fragt die Königin den Spiegel. Sie fragte: "Spieglein, Spieglein an der Wand, wer ist die Schönste im Land?" Da antwortete der Spiegel: „Ihr seid die Schönste hier, aber ... „.

Thema / Bild: Schneewittchen kostet vom vergifteten Apfel

Die Zwerge sagen zu Schneewittchen: „Pass gut auf, falls die böse Königin kommt und lass niemanden rein!" Und die Zwerge gehen in die Höhle. Dann kommt die böse Königin. Sie hat sich verkleidet. Doch Schneewittchen merkt es nicht. Sie hat sich als alte Bäuerin verkleidet. Und die böse Königin gibt Schneewittchen einen Apfel, doch der Apfel war vergiftet und Schneewittchen merkte es nicht. Und Schneewittchen aß ihn doch und fiel um. Dann kamen die Zwerge und sahen Schneewittchen auf dem Boden liegen.

Thema / Bild: Schneewittchen im gläsernen Sarg

Schneewittchen und die 7 Zwerge: Schneewittchen liegt im Sarg. Die Tiere kommen zum Sarg. Die 7 Zwerge umringten sie. Der Prinz sah Schneewittchen an. Erst wollte der Prinz Schneewittchen allein in sein Schloss mitnehmen, aber die Zwerge wollten sie nicht loswerden. Dann trugen die 7 Zwerge den Sarg zum Schloss. Da kam der Apfel heraus.

Thema / Bild: Das Hochzeitsfest

Das Hochzeitsfest: Schneewittchen heiratet den Königssohn. Jeder Mensch wurde eingeladen, sogar die 7 Zwerge und der Jäger und sie feierten und feierten und feierten und sie waren fröhlich und die böse Königin rannte weg.

Collagen und Geschichten von Kindern der 2. Klasse: *„Schreibe die Geschichte, die dein Bild erzählt aus der Sicht von Schneewittchen (eines Zwerges, des Königssohns, der bösen Königin usw.)"*

Thema / Bild: Schneewittchen im Zwergenhaus

Ich bin Schneewittchen. Ich suche schon lange so ein schönes Haus. Ich gucke mal, wie es drinnen aussieht. Vielleicht gibt es ja ein Bett, in dem ich schlafen kann? Oh, hier drinnen ist es aber schön. Komisch, dass es hier 7 Stühle gibt. Ach, in den Schalen ist ja was drin. Plötzlich merke ich, dass ich Hunger habe. Na, ich kann ja mal was essen. Mmm, das schmeckt aber lecker! Ach, da drüben stehen ja Betten. Aber warum ist alles hier so klein? Aua, ich bin an die Decke gestoßen. Also so klein ist ja wirklich kein gewöhnlicher Mensch. Oh, bin ich müde. Ich glaube, ich muss schlafen, aber ich passe nicht ins erste Bett und auch nicht ins zweite. Aber das 3., 4., 5. und 6. Bett sind mir auch zu klein. Ach, das 7. Bett passt mir, aber ich muss mich trotzdem klein machen. Schon nach 7 Minuten war sie eingeschlafen. Sie träumte sehr schön.

Ich bin ein Zwerg.Ich hacke jeden Tag Gold. Jede Stunde 100 Goldstücke. Ich gehe jetzt nach Hause. Der Weg ist weit. Plötzlich sah ich Licht in meinem Haus. Ich ging rein und sah, dass jemand von meinem Teller gegessen hat und jemand lag in meinem Bett und ich wusste nicht, wer das war. – Da lag ein Kind.

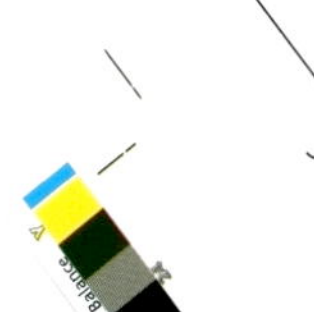

Thema / Bild: Schneewittchen kostet vom vergifteten Apfel

Ich bin Schneewittchen und eines Tages kam eine Bäuerin und wollte mir einen Apfel verkaufen. Aber die Zwerge haben gesagt, dass ich nichts annehmen soll. Aber er sieht doch so lecker aus! Ich sagte ja und die Bäuerin schnitt den Apfel. Also, ich biss in den Apfel und fiel in Ohnmacht.

Ich bin die böse Königin.Ha, ich freue mich schon, wenn Schneewittchen tot da liegt und dann werde ich die Schönste sein! Ah, ich habe einen großen Korb mit Äpfeln dabei und einer ist vergiftet. Ich werde den jetzt anbieten. „Schneewittchen, ich bin so arm, willst du einen von meinen Äpfeln kosten? Los, ich gebe ihn dir." Ah, Schneewittchen fällt drauf rein. Sehr gut, sie nimmt den Apfel. Dann gehe ich mal wieder.

Thema / Bild: Schneewittchen im gläsernen Sarg

Ich bin der Königssohn. Ich ging durch den Wald und habe Schneewittchen im Sarg gesehen und habe einen Zwerg gefragt, was los war. Er sagte: „Schneewittchen hat einen Apfel gegessen". Ich fragte, wie dieser Spruch gelöst werden könnte. Er sagte: „Mit einem Kuss". Dann küsste ich sie und auf einmal kam der Apfel raus. Dann gab es die Hochzeit. Natürlich waren die Zwerge auch eingeladen und mein Vater und Mutter.

Ich bin ein Zwerg.Schneewittchen war so schön, dass ich mich nicht losreißen kann. Da kam eines Tages ein Königssohn. Der fragte mich, ob er Schneewittchen mitnehmen kann. Wir sagten als erstes nein, aber da hat er gesagt: "Bitte, Bitte!" Und da sagten wir ja. Da stolperte einer meiner Männer über eine Wurzel. Schneewittchen erwachte. Bald darauf feierten sie Hochzeit.

Thema / Bild: Schneewittchen erwacht

Ich bin Jäger. Ich bin froh, dass ich Schneewittchen laufen gelassen habe, denn sonst wäre nie ein so gutes Ende gewesen. Dann hätte der Königssohn nie Schneewittchen geheiratet und dann wäre ich nie königlicher Ritter geworden.

Ich bin ein Zwerg. Ich bin froh, dass Schneewittchen wieder erwacht ist. Ich wünschte, ich könnte jetzt in die Luft springen und Hurra rufen, so froh bin ich, ja so froh! Jetzt singe ich mit Freude ein Lied für dich, so froh bin ich. Schneewittchen ist erwacht, holerho, holerhihaho, ja, ja.

Thema / Bild: Hochzeitsfest

Ich bin Königssohn. Heute heirate ich Schneewittchen. Wir haben auch viele Gäste eingeladen und ich und Schneewittchen gehen auf den Priester zu. Dann war ich da und der Priester: „Willst du die neben dir stehende Schneewittchen zur Frau nehmen?" Ich sagte: "Ja, ich will". Dann sagte er: „Hiermit erkläre ich euch zu Mann und Frau. Und du darfst die Braut jetzt küssen."

Ich bin Schneewittchen. Ich habe geheiratet. Wir haben sehr viele Gäste eingeladen, zum Beispiel sind der Jäger und die Zwerge da. Wir haben ein großes neues Schloss bekommen, direkt neben dem Wald. Da sind immer sehr viele Tiere da, denn es ist ein großer Futterplatz und das Zwergenhaus ist auch nicht weit weg. Wir haben schon einen Spaziergang dorthin gemacht. Da haben uns die Zwerge ihren Arbeitsfelsen gezeigt und dann gab es Mittagessen, eine große Tafel voll.

Geschichten von Kindern der 3. Klasse: *„Wähle eine Figur oder einen Gegenstand und erzähle die Geschichte auf deinem Bild aus deren/dessen Sicht. Gib deiner Geschichte einen Titel."*

Thema / Bild: „Schneewittchen in Gefahr"

Ich bin der Prinz. Seit Jahren suche ich eine Frau. Ich habe von meinem Diener gehört, dass auf einem großen Berg ein wunderschönes Mädchen im Sarg liegt. Wo ich ankam, war ich baff. So ein schönes Mädchen habe ich noch nie gesehen. Ich fragte die Zwerge: „Kann ich dieses wunderschöne Mädchen mit auf mein Schloss nehmen?", aber sie sagten: „Nein, sie war so nett zu uns." „Ich verstehe euch sehr gut", sagte der Prinz.

Thema / Bild: „Ein Zwerg erzählt"

Als ich dem Prinz helfen wollte, den Sarg den Berg hinunter zu tragen, stolperte ich über einen Baumstumpf. Der Sarg schlitterte den Berg hinunter, bis er an einem Stein zerbrach. Da erwachte Schneewittchen und wurde lebendig.

Thema / Bild: „Ein Baum erzählt"

Im Geraschel und Getose höre ich die böse Königin ihren Plan noch einmal durchgehen. Da sah ich ein Wildschwein, das rannte vor der bösen Königin weg. Hier ist es ja schon wieder. Ich sah die böse Königin, wie sie Schneewittchen eine Hälfte eines Apfels zu essen gab. Darauf fiel Schneewittchen tot um. Die Königin rannte, wie ich selbst sah, davon. Schon bald kamen die Zwerge. Ende!

Die Unterrichtseinheit kann ausklingen mit der gemeinsamen Betrachtung der Bildfolge von Warja Lavater.

Vieles spricht allerdings dafür, die Unterrichtseinheit dahingehend zu erweitern, dass die Collagen und Texte der Kinder als Ausgangspunkt genommen werden, um noch tiefer in den Sinngehalt des Märchens einzudringen. Die in den Abbildungen sichtbaren Ergebnisse der Schülerarbeit deuten – in Verbindung mit den Ausführungen zum Sinnpotential „Schneewittchens" – die Richtung und die Möglichkeiten der folgenden Unterrichtssequenzen an. Wir verzichten auf die Darstellung allgemeingültiger Hinweise, weil aus unserer Sicht nur das direkte Anknüpfen an den Erkenntnissen der Kinder (die diese durch den spezifischen Umgang mit Lavater-Symbolen gewonnen haben) eine erfolgreiche und emotional anregende Texterschließung garantiert. Auf der Grundlage unserer Unterrichtsversuche bieten sich folgende Schwerpunktsetzungen an, die ausschließlich als Anregungen zu verstehen sind:

- *„Schneewittchen" erzählt von einem Konflikt zwischen (Stief-) Mutter und ihrer Tochter. Was meint ihr, warum liebt die Königin ihre Stieftochter nicht?*
- *Warja Lavaters Symbol für die Königin verweist darauf, dass die Königin böse ist. Was vermutet ihr, warum könnte sie böse sein?*
- *Das Märchen erzählt nichts davon, wie der König zu der Auseinandersetzung zwischen seiner neuen Frau und seiner Tochter steht. Was meint ihr, weiß der König nichts davon, will er sich aus dem Streit heraushalten oder lässt er einfach alles geschehen, um neutral zu bleiben?*

2. Der Weg vom Entdecken (Rätsel) zum Erzählen

„Aufregend für mich war festzustellen, mit welcher Begeisterung sich die Kinder der Formen bemächtigen, um sich eine Geschichte vorzustellen und selbst zu entwickeln. Denn es ist nur ein Gerüst - genau wie ein geschriebenes Wort." (Warja Lavater 1991, S. 48).[4]

Eine andere Vorgehensweise besteht darin, Kinder in den Piktogrammen die Geschichte (das Märchen) selbst entdecken zu lassen, ohne zunächst einzugreifen oder zu führen. Phantasie und Vorstellungskraft werden hier in besonderer Weise herausgefordert.
Um an das Vorwissen der Kinder anzuschließen, ist es jedoch auch hier wichtig, an die Märchen der Brüder Grimm zu erinnern. Für jüngere Kinder kann man die Anzahl der möglichen Lösungen von vornherein eingrenzen, indem man etwa drei oder vier bekannte Märchen der Brüder Grimm thematisiert (etwa durch ein Märchenrätsel), wobei die Geschichte von Schneewittchen dabei sein muss.

[4] Warja Lavater beschreibt hier Eindrücke, die sie bei Besuchen in französischen Schulen gewann.

2.1 *Einstimmung/Begegnung*

Die Begegnung mit der gesamten Geschichte wird als Rätsel an den Anfang der Stunde gestellt: Die Bilder werden in unmittelbarer Folge aneinander gelegt (auf dem Fußboden oder auf aneinander gestellte Tische), die Kinder werden aufgefordert, den Titel der Geschichte zu ermitteln. Der Auftrag könnte wie folgt formuliert sein:

> *Warja Lavater – eine bekannte Schweizer Künstlerin – hat ein Märchen der Brüder Grimm auf eine besondere Art und Weise gestaltet. Sie verwendet abstrakte Symbole und geometrische Figuren und behauptet, dass jeder Mensch auf der Welt – unabhängig von der Sprache, die er spricht – die Märchen auf diese Weise entschlüsseln bzw. lesen kann. Eines dieser so ‚geschriebenen' Märchen liegt vor euch. Schaut euch die Bildfolge in aller Ruhe an. Jede der Formen mit ihren Farben symbolisiert eine Figur oder einen Gegenstand aus dem zu suchenden Märchen. Versucht herauszufinden, um welches Märchen es sich handelt.*

Die Erfahrungen im Unterricht zeigen, dass alle Kinder mit sehr viel Engagement an diese Aufgabe herangehen. Sie grübeln, vermuten, verwerfen wieder und kontrollieren. Häufig evoziert diese Art des Vorgehens einen Wettbewerbscharakter, der die Kinder animiert und motiviert, möglichst zu den ersten zu gehören, die das ‚Rätsel' lösen. Da im Regelfall die diesbezüglichen Voraussetzungen der Kinder einer Klasse sehr unterschiedlich sind, empfiehlt es sich, diejenigen, die das Rätsel gelöst haben, zu bitten, das Ergebnis aufzuschreiben oder dem Lehrer ins Ohr zu flüstern. Damit ermöglicht man den anderen die Zeit, die sie noch benötigen, um die Geschichte zu entdecken. Jene Kinder, die die Aufgabe als erste gelöst haben, kann man (quasi als Belohnung) mit einbeziehen, den anderen Kindern Hilfen zu geben, z.B. durch folgende Impulse:

> *Verweis auf das Schneewittchen-Symbol: Dies stellt die Hauptfigur des Märchens dar. Um diese Figur zu erkennen, spielen die Farben eine ganz wichtige Rolle.*
> *Verweis auf die Zahl Sieben: Manche Symbole kommen immer mehrfach vor. Diese Zahl spielt in dem gesuchten Märchen eine wichtige Rolle.*

2.2 *Erkennen/Erschließen*

Ist das Rätsel gelöst, beginnen die Kinder (meist ohne spezifische Aufforderung), zu ‚kontrollieren' – d.h. sie erzählen sich und/oder anderen anhand der Bildfolge die Geschichte.
Dabei fallen ihnen häufig schon Unstimmigkeiten bezogen auf den Originaltext auf, wie z.B.: *„Die Künstlerin hat vergessen, die böse Königin mit dem Gürtel und dem Kamm zu malen. In dieser Geschichte gibt es nur den vergifteten Apfel."* oder *„Die Königin wird ja gar nicht zur Hochzeit eingeladen, sie zerspringt schon vorher – aber die darf doch erst zur Hochzeit von Schneewittchen und dem Prinzen sterben – vor Neid."*

Um noch vorhandene Unsicherheiten und Zweifel zu beseitigen, kann nun die Legende ähnlich wie im ersten Weg (1.2) erarbeitet werden.
Dann wird mit Hilfe der Legende zu ausgewählten Bildern die Geschichte erzählt. Dabei empfiehlt es sich, jene Kinder einzubeziehen, die im ersten Teil der Stunde noch nicht aktiv in Erscheinung getreten sind. Gleichzeitig dient diese Übung als Vorbereitung bzw. Orientierung für die sich anschließende Einzelarbeit.

2.3 *Durchdringen/Gestalten*

Jedem Kind wird eines der 22 Bilder aus der Bildfolge zugewiesen - verbunden mit der Aufforderung, eine Geschichte zum Bild zu schreiben.
Auf der Grundlage der präsentierten kindlichen Geschichten erfolgen Gespräche zum tieferen Eindringen in den Sinngehalt des Märchens und in die ‚Lösungen' der Kinder. Ein Beispiel soll das belegen:

Schreibe die Geschichte, die das Bild erzählt.

Der Prinz ging mit Schneewittchen auf sein Schloss. Die Zwerge gingen auch mit, weil sie waren die Gäste bei der Hochzeit und die Tiere; nur die böse Königin nicht ..., die war ja vor Neid zerplatzt. Und die Tiere haben dann den Spiegel geholt, den schenken sie Schneewittchen zur Hochzeit, damit sie immer sehen kann, wie schön sie ist. Da hat sie sich sehr gefreut.

Anschlussgespräch:
Glaubt ihr, dass es möglich ist, dass Schneewittchen immer die Schönste bleibt?

Ja, denn sie ist ja jetzt die Einzige ... na ja, vielleicht gibt es noch andere schöne Prinzessinnen. ... Aber sie bleibt bestimmt die Schönste.

Und wenn sie ein Kind bekommt?

Dann geht das ganze Theater von vorne los!

Warum vermutet ihr das?

Dieses Bild evoziert – so zeigt dieses Gespräch – ein gemeinsames Nachdenken über die ‚Zeitlosigkeit' von Märchen.

In höheren Klassenstufen (etwa ab Klasse 3) können Vor- und Nachgeschichten sowohl in bildlicher als auch in textlicher Form erfunden werden. Dies erfordert jedoch Anregungen, die auf die Sinnhaftigkeit derartigen Erzählens/ Erfindens zielen. „Dornröschen", das im Französischen eine Fortsetzung enthält (Charles Perrault), kann dazu ebenso dienen wie Iring Fetschers Geschichte von der „Geiß und den sieben Wölflein" (Fetscher 1996, S.8-13). Während beim ersten Beispiel davon erzählt wird, wie nach der glücklichen Hochzeit eine erneute Bedrohung Dornröschens erfolgt, gibt die Vorgeschichte zum „Wolf und den sieben Geißlein" gleichsam eine Begründung für das Verhalten des Wolfes.

Aus unserer Sicht ist wenig damit getan, einfach Vor- und Nachgeschichten erfinden zu lassen, ohne dass sich damit ein tieferes Erfassen des Sinnpotentials des originalen Märchens verbindet. Das heißt, es be-

darf der Vorgaben von Lehrern, ohne dass diese den Erfindungsreichtum, die Erzähl- und Gestaltungsfreude der Kinder einschränken.
Mögliche Anregungen für das schriftliche Erzählen oder eine mit Piktogrammen gestaltete Collage von Vorgeschichte, Nachgeschichte oder auch einer eingefügten Handlungspassage könnten in folgender Weise gegeben werden:

Das Märchen endet mit der Hochzeit Schneewittchens. Wie geht ihr Leben weiter?

Was geschieht mit dem Jäger, als die Königin hört, dass er Schneewittchen nicht getötet hat?

Nach dem Tod seiner Frau sucht der König eine neue Mutter für Schneewittchen. Gestalte und schreibe eine Geschichte, wie der König dieser neuen Frau begegnet!

Der Zauberspiegel erzählt seine Geschichte: Gestalte und schreibe auf, woher der Zauberspiegel der neuen Königin kommt und was er über die Königin und Schneewittchen zu erzählen weiß!

Der König liebt Schneewittchen und verfolgt mit Sorge die Eifersucht der Königin, wenn sie Schneewittchen betrachtet. Gestalte und schreibe dazu eine Geschichte!

Schneewittchen sitzt nach der Heirat mit dem jungen König am Fenster. Er hat ihr den Zauberspiegel gebracht. Was erzählt ihr dieser Spiegel?

Für die Bewältigung dieser Aufgabe eignet sich die Partnerarbeit. Dabei kann es den ‚Kleingruppen' überlassen bleiben, in welcher Reihenfolge sie den Auftrag erfüllen. Beides ist möglich – ausgehend von einer erfundenen Geschichte eine Collage legen oder ausgehend von einem gestalteten Bild die Geschichte aufschreiben.
Es ist in diesem Kontext auch sinnvoll, Wettbewerbs- und Rätselelemente mit den Aufgaben zu verbinden. Das heißt, man kann Schüler in Gruppen Vor- und Nachgeschichten erfinden lassen (in Text- oder Piktogrammform); andere Gruppen können daraus das entsprechende Pendant erarbeiten: zu einer Piktogramm-Version die schriftliche Erzählvariante; zu einer Erzählvorlage die Piktogramm-Umsetzung.

2.4 *Darstellen/Präsentieren*

Der Präsentation der Unterrichtsergebnisse kann die Gestaltung eines gemeinsamen Buches folgen: Die Bilder werden den Geschichten so zugeordnet, dass sie die Texte illustrieren.

3. Der Weg vom Erzählen zum Animieren und Spielen

Ziel dieser Unterrichtseinheit ist es, dass die Kinder literarische Strukturen in Bezug auf die Handlungsorte wahrnehmen und auf dieser Grundlage in kleineren Einheiten spielerisch in das Sinnpotential des Märchens eindringen.

3.1 Einstimmung/Begegnung

Zunächst steht nicht Warja Lavaters ‚Erzählen' im Mittelpunkt, sondern die entsprechenden Symbole werden gleichsam als ‚Erzählhilfe' genutzt. Die Einstimmung erfolgt über den Märchentext. Um zu erfassen, ob bzw. wie gut die Kinder das Märchen „Schneewittchen" kennen, bietet sich zu Beginn der Stunde ein Märchenquiz an. Man könnte Originalauszüge (prägnante Textstellen) aus verschiedenen bekannten Grimmschen Märchen vorlesen und die Kinder den dazugehörigen Titel nennen lassen. Davon ausgehend wird zum Märchen „Schneewittchen" übergeleitet.

3.2 Erkennen/Erschließen

Sinnvoll ist hierbei, einen Sitzkreis auf dem Fußboden oder um einen großen Tisch herum zu bilden. Ein leeres gelbes A4 Blatt (für das Schloss als Handlungsort) liegt vor der Lehrperson. Sie beginnt das Märchen zu erzählen, dabei legt sie die entsprechenden Symbole nacheinander in die Mitte des leeren gelben Blattes.

Während des Erzählens entsteht auf dem gelben Blatt schrittweise ein Bild, das verändert wird: Zunächst wird Schneewittchen auf das Blatt gelegt, dann kommt die böse Königin hinzu, dann der Spiegel, das Spiegelbild der Königin usw. An der Stelle, als erzählt wird, dass der Spiegel antwortet: *‚Frau Königin, Ihr seid die Schönste hier, aber Schneewittchen ist tausendmal schöner als Ihr'*, wird das Schneewittchen-Symbol auf das Königin-Spiegelbild gelegt, so dass dieses verdeckt wird. Die Erzählung endet, als der Jäger mit Schneewittchen das Schloss verlässt und es in den Wald, also zu einem anderen Handlungsort, führt.

3.3 Durchdringen/Gestalten

Abb. 5: ‚Spielen' mit den Symbolen

Die Lehrperson legt jetzt weitere leere A4 Blätter hintereinander auf den Tisch, so dass die Blätter gleichsam ein farbiges Band ergeben: Gelb, Grün, Braun, Grün, Gelb. Diese Blätter symbolisieren die Handlungsorte und den Handlungsverlauf des Märchens: Schloss, Wald, Zwergenhaus, Wald, Schloss. Dann werden die einzelnen Blätter in dieser Reihenfolge an die vorher gebildeten Gruppen verteilt.

Die Schüler bekommen die Aufgabe, mit Hilfe der Symbole den weiteren Verlauf des Märchens in ‚ihrem' Handlungsort zu gestalten. Dazu erhalten sie ein Blatt mit einer kurzen Zusammenfassung der Handlung (*z.B.: Schneewittchen läuft allein durch den Wald. Sie hat Angst. Sie entdeckt das Zwergenhaus.*). Die Kinder müssen zunächst überlegen, welche Figuren und Gegenstände sie benötigen; die Symbole werden ihnen bereitgestellt und sie gestalten damit ihren Handlungsort.

Nachdem der Anfang noch einmal kurz vorgegeben wird, erzählen die Schüler nacheinander das gesamte Märchen mit Hilfe der Symbole auf ihrem Handlungsort. Sie verändern dabei das Bild, fügen Symbole hinzu, bewegen die Symbole oder entfernen sie. Wichtig ist es, dass hier nicht die Handlung zusammengefasst werden soll, sondern dass das Erzählen in den Mittelpunkt tritt: Es wird erzählt, was ‚tatsächlich' geschah, wie sich die Figuren fühlten, was sie dachten etc. Es ist möglich, dafür nur ein Schneewittchen-Symbol zu verwenden, das sich gleichsam durch alle Handlungsorte und Bilder *bewegt*. Zur besseren Anregung der Kinder sollte die Lehrperson selbst Orte und Figuren übernehmen, z.B. das Schloss und die böse Königin. Sie lenkt damit das Erzählen, indem sie sich einmischt, wenn Handlungen parallel verlaufen (Schneewittchen im Zwergenhaus/ Königin befragt im Schloss den Spiegel) oder auch Handlungselemente zusammenfasst oder das Erzählen strafft:

> *„...die Königin beschloss nun selbst, Schneewittchen zu töten und versuchte es zunächst mit einem Gürtel, den sie ihr, als Krämerin verkleidet, verkaufte und zu eng um den Leib schnürte, dann mit einem vergifteten Kamm, den sie ihr ins Haar steckte. Aber beide Versuche schlugen fehl. Da vergiftete sie einen Apfel ...".*

Als Schlusspunkt kann der auf diese Weise erzählende Lehrer das Königin-Symbol zerreißen, verbunden mit den Worten: „Ihr zersprang das Herz".

3.4 *Darstellen/Präsentieren*

Um tiefer in das Wesen und Verhalten der handelnden Figuren einzudringen und sich die Geschichte intensiver anzueignen, bekommen die Schüler die Aufgabe, sich jeder ein Symbol aus seinem Handlungsort auszuwählen, und dann das Geschehen noch einmal, und zwar diesmal aus dem Blickwinkel dieser Figur oder des Gegenstandes zu erzählen bzw. darzustellen. Die Lehrperson gibt hier ein Beispiel aus ihrem Handlungsort, dem Schloss, vor:

> *„Ich bin der Spiegel. Ich bin schon sehr alt. Lange Jahre verstaubte ich auf dem Dachboden, bis durch einen Zufall die Königin mich und meine Zauberkraft entdeckte. Ich sage immer die Wahrheit. Viele Menschen mögen das nicht. Die Königin war wirklich wunderschön, aber als dann Schneewittchen immer größer und schöner wurde.... Ich konnte nicht lügen, auch wenn ich ahnte, welches Unheil diese Wahrheit anrichten würde...".*

Nacheinander können nun die Kinder die Geschichte ihres Symbols erzählen. Wichtig ist hierbei, dass alle ihr Erzählen mit der Formel beginnen: *„Ich bin ..."*, damit das Hineinversetzen in die Rolle tatsächlich gelingt.

Aufschlussreich bei den Unterrichtsprojekten war die Beobachtung, dass sich die Schüler nicht nur auf ihr ausgewähltes Symbol konzentrierten, sondern auf das Erzählen ihrer Vorgänger reagierten, indem sie Teile davon für ihre Geschichte verwendeten. Sie griffen Anregungen auf und erzählten weiter wie:

„Ich bin der kleinste Zwerg. In meinem Bett hat Schneewittchen gelegen. Sie war so schön. Ich habe mich mit meinen Brüdern beim Schlafen abgewechselt. Aber ich habe am meisten gewacht." Das nachfolgende Kind: „Ich bin Schneewittchen, ich habe im Bett des kleinsten Zwerges geschlafen. Er hat mich nicht geweckt, sondern sich mit seinen Brüdern abgewechselt und am längsten gewacht..."

Sollten Kinder Schwierigkeiten mit dem Perspektivwechsel bzw. dem Erzählen haben, können Lehrer helfend eingreifen, indem sie das Kind in der Rolle ansprechen und nachfragen:

> *„Du, Schneewittchen, warum hast du eigentlich der Königin die Tür geöffnet, obwohl es dir die Zwerge verboten hatten?"*

Bislang gab es noch keine Erläuterung der Symbole. Die Erfahrungen mit diesem Weg zeigen, dass Kinder sich zwar spontan zu der Symbolik äußern, eine nähere Erklärung jedoch nicht einfordern. Die vorgegebenen Zeichen für Figuren und Gegenstände werden als gegeben hingenommen und meist nicht hinterfragt. Eine Erklärung für dieses Phänomen könnte darin liegen, dass von frühester Kindheit an, Gegenstände aus der alltäglichen Umgebung im Spiel animiert werden: Da wird eine Baumrinde zu einem Schiff, eine Kaffeekanne zur Mutter, die Tassen zu Kindern, eine Spielkarte zur Prinzessin, ein Stück Papier in den Farben rot-weiß-schwarz eben zu Schneewittchen. Während Erwachsene eine gewisse Zeit benötigen, um unbefangen mit dieser Symbolik umzugehen, stellt dies für Kinder offensichtlich kein Problem dar.

Dennoch sollte in dieser Phase des Projekts den Schülern die ‚literarische Vorlage' für die Idee der symbolischen Darstellung einer Geschichte gezeigt werden. Die Schüler können ihre eigenen gestalteten Bilder mit denen Warja Lavaters vergleichen. An dieser Stelle werden außerdem die Symbole mit den Kindern besprochen und deren erklärende Merkmale (Farbe, Form und Perspektiven) erläutert.

Der hier vorgestellte Weg ist besonders dafür geeignet, vom erzählten Text zum dramatischen Spiel zu gelangen. Die Kinder haben sich das Märchen und die Figuren selbst erschlossen, Konfliktpotential erkannt und in das perspektivische Erzählen einfließen lassen. Gerade die von den Kindern selbst gefundenen Dialoge stellen schon eine wichtige – unverzichtbare – Vorarbeit für das szenische Gestalten dar, die oft bei der Vorbereitung dramatischen Spiels unterschätzt wird. Die weitere szenische Umsetzung kann sowohl als Schauspiel als auch mit einfachen Mitteln des Figurenspiels (Schattenspiel, Spiel mit Gegenständen, Tischfiguren oder auch mit Naturmaterial) erfolgen (vgl. Heinke 2005, S.32-33).[5]

[5] Ausführlicher wird sich mit diesen Fragen Band 5 der vorliegenden Reihe beschäftigen.

Abschließende Gedanken

Märchen gehören – vielen empirischen Studien zufolge – zu den beliebtesten literarischen Texten von Kindern. Der Rückgang des Interesses an diesem Genre (besonders bei Jungen) ist nach unseren Erfahrungen vor allem darauf zurückzuführen, dass der vorschulischen Begegnung mit Märchen in der Grundschule nichts Entscheidendes hinzugefügt wird.

Am Beispiel von Warja Lavaters „Schneewittchen"-Version bieten wir mit der vorliegenden Publikation ein Material an, das einen Umgang mit dem Märchen anregt, der neugierig macht, Phantasie und Vorstellungskraft herausfordert und damit ein tieferes Eindringen in den Sinngehalt des Märchens ermöglicht.

Die dargestellten didaktisch-methodischen Anregungen für den Literaturunterricht sind Ergebnis von zahlreichen Unterrichtserprobungen, in denen Kinder – angeregt durch Warja Lavaters Symbolwelt – zu erstaunlichen, teilweise überraschenden Reflexionen gelangen und nicht zuletzt auch uns zu immer neuen Ideen führten.

In diesem Sinne wünschen wir allen Lehrern und ihren Schülern Freude und Erfolg bei der Umsetzung und Weiterentwicklung dieser Ideen.

Literatur:

Bettelheim, Bruno: Kinder brauchen Märchen. München 1980.

Brackert, Helmut: Das große deutsche Märchenbuch. München 2002.

Dombrowski, Sabine: Elternfiguren im Märchen. Düsseldorf 1994.

Elschenbroich, Donata: Weltwissen der Siebenjährigen. Wie Kinder die Welt entdecken können. München 2001.

Erlinger, Hans Dieter: Die Helden der Kinder in ihren Medien. In: Richter, Karin & Trautmann, Thomas (Hrsg.): Kindsein in der Mediengesellschaft. Interdisziplinäre Annäherungen. Weinheim und Basel 2001, S. 49 - 59.

Ewers, Hans-Heino: Die Kinder- und Hausmärchen der Brüder Grimm. In: Grundschule 12/1995, Braunschweig 1995, S. 15 - 16.

Fetscher, Iring: Die Geiß und die sieben Wölflein. In: Gelberg, Hans-Joachim (Hrsg.): Daumesdick. Der neue Märchenschatz. Weinheim und Basel 1996, S. 8 - 13.

Fetscher, Iring: Wer hat Dornröschen wachgeküßt. Das Märchen – Verwirrbuch.
Frechen 2000.

Fühmann, Franz: Das mythische Element in der Literatur. In: Ders.: Erfahrungen und Widersprüche. Rostock 1975, S. 147 - 219.

Gromer, Bernadette & Lavater, Warja: Tête à Tête. In: La Revue des Livres pour Enfants. Zürich 1991, S. 40 - 49 (Übersetzung: Antje Plath).

Haas, Gerhard (Hrsg.): Kinder- und Jugendliteratur. Ein Handbuch. Stuttgart 1984.

Haas, Gerhard: Handlungs- und produktionsorientierter Literaturunterricht. Theorie und Praxis eines ‚anderen' Literaturunterrichts für die Primar- und Sekundarstufe. Seelze 1997.

Heinke, Susanne: Kindliche Spielwelten aus theaterpädagogischer Sicht. In: Grundschule, Heft 7/8, Braunschweig 2005, S. 32 – 34.

Kinder- und Hausmärchen, gesammelt durch die Brüder Grimm. Kleine Ausgabe, hrsg. und mit einem Nachwort versehen von Christian Emmrich. Berlin 1989 (= Kollektion Kinderbuch).

Köppert, Christine & Spinner, Kaspar H.: Imagination im Literaturunterricht. In: Fauser, Peter u.a. (Hrsg.): Einsicht und Vorstellung. Imaginatives Lernen in Literatur und Geschichte. Seelze 1999.

Lavater, Warja – Bildstellerin. Interview vom 17. Januar 1996, geführt im Rahmen einer studentischen Hausarbeit an der Universität Zürich (unveröffentlichtes Manuskript).

Lüthi, Max: Das europäische Volksmärchen. Form und Wesen. Tübingen 1985.

Monteil, Annemarie: Denken mit den Augen. In: Warja Lavater: Die Perzeption. Helmhaus Zürich 1. Dezember 1990 – 6. Januar 1991.

Moser, Dietz-Rüdiger: „Glück im Unglück". Eine Einführung in das Wesen des Märchens. In: Märchenspiegel 2/2005.

Neue Züricher Zeitung: Zeitlose Punkte voll erzählerischer Kraft. 30.09.2003.

Perrault, Charles: Die schlafende Schöne im Walde. In: Perrault, Charles: Sämtliche Märchen. Stuttgart 1986, S. 55 - 69.

Plath, Monika & Richter, Karin: Lesen im Grundschulalter unter geschlechtsspezifischen Aspekten. In: SPIEL. Siegener Periodikum zur Internationalen Empirischen Literaturwissenschaft 1/2004, S. 80 - 93 (= Themenheft „Geschlecht und Lesen/Mediennutzung").

Richter, Karin: Kindliche Märchenrezeption und schulische Bildungsprozesse. In: Richter, Karin & Schlundt, Rainer (Hrsg.): Lebendige Märchen- und Sagenwelt. Ludwig Bechsteins Werk im Wandel der Zeiten. Baltmannsweiler 2003, S. 64 - 77.

Richter, Karin & Plath, Monika: Lesemotivation in der Grundschule. Empirische Befunde und Modelle für den Unterricht. Weinheim und München 2005.

Scherf, Walter: Das Märchenlexikon, 2. Bd., München 1995, S. 1127 - 1133.

Schwarz, Dieter: Warja Lavater. Ansprache zur Ausstellungseröffnung. Kunstmuseum Winterthur, 18.03.1994.

Steig, Reinhold & Grimm, Hermann (Hrsg.): Achim von Arnim und die ihm nahe standen. Stuttgart / Berlin 1904.

Stenzel, Gudrun: Kindheitstraum und Kindheitsalptraum. In: Mergner, Gottfried & Gottwald, Peter (Hrsg.): Liebe Mutter – Böse Mutter. Angstmachende Mutterbilder im Kinder- und Jugendbuch. Oldenburg 1989, S. 59 - 76.

Träger, Claus (Hrsg.): Wörterbuch der Literaturwissenschaft. Leipzig 1986.

Wardetzky, Kristin: Märchen – Lesarten von Kindern. Eine empirische Studie. Bern/Berlin 1992.

Wardetzky. Kristin: Aschenputtel glanzlackiert. In: Grundschule 12/1995, Braunschweig 1995, S. 10 - 12.

Wardetzky, Kristin: Erzählen – eine wiederentdeckte Kunst. In: Richter, Karin & Schlundt, Rainer (Hrsg.): Lebendige Märchen- und Sagenwelt. Ludwig Bechsteins Werk im Wandel der Zeiten. Baltmannsweiler 2003, S. 78 - 91.

Die in der Einstecktasche enthaltenen 22 Farbkopien stellen die vollständige, leicht vergrößerte Vervielfältigung des Leporellos „Schneewittchen" von Warja Lavater dar.
Die originalen Märchen-Leporellos und die von Warja Lavater 1995 produzierten Kurzfilme (sechs Märchen auf einer Videokassette) kann man erwerben über:

Galerie DRUCK & BUCH
in der Buchhandlung Hugo Frick
Nauklerstrasse 7
72074 Tübingen